业务员必备的
财务通识
手册

朱菲菲◎编著

中国铁道出版社有限公司
CHINA RAILWAY PUBLISHING HOUSE CO., LTD.

内容提要

本书是一本立足于企业业务员的财务类书籍，主要介绍业务员应该了解的一些财务知识，包括基础知识、如何正确填开和使用票据、如何做好成本控制、如何管理往来账款、需要知晓的支付结算手段、需要了解的与经营收入有关的知识、需要学会核算自身利益以及掌握一些常用的合理节税方法与纳税筹划措施等方面内容，帮助业务员更有效地开展业务活动。

本书读者群主要针对的是各类企业中的业务人员，包括初级业务员和高级业务员，另外也适合企业内部的采购人员参考学习，一些想要在自己的业务领域提高工作能力的人也可以参考本书。

图书在版编目 (CIP) 数据

业务员必备的财务通识手册 / 朱菲菲编著 . — 北京：
中国铁道出版社有限公司 , 2021.10
ISBN 978–7–113–28247–9

Ⅰ.①业…　Ⅱ.①朱…　Ⅲ.①企业管理 – 财务管理
Ⅳ.① F275

中国版本图书馆 CIP 数据核字（2021）第 167441 号

书　　名：业务员必备的财务通识手册
　　　　　YEWUYUAN BIBEI DE CAIWU TONGSHI SHOUCE
作　　者：朱菲菲

责任编辑：王　佩　张文静　　编辑部电话：（010）51873022　　邮箱：505733396@qq.com
封面设计：宿　萌
责任校对：安海燕
责任印制：赵星辰

出版发行：中国铁道出版社有限公司（100054，北京市西城区右安门西街 8 号）
印　　刷：三河市宏盛印务有限公司
版　　次：2021 年 10 月第 1 版　2021 年 10 月第 1 次印刷
开　　本：700 mm×1 000 mm 1/16　印张：14.75　字数：186 千
书　　号：ISBN 978–7–113–28247–9
定　　价：59.80 元

前言

纵观整个经济市场，无论在行政单位内部还是工商企业内部，各部门之间的业务可能存在一定的联系，但各部门的人员在工作方面总是有着明显的界限和鸿沟。比如，负责销售的业务员可能对财务一窍不通，而负责生产活动的工人对财务更是一无所知。

要知道，财务在一个企业的管理工作中具有非常重要的作用。它不仅反映企业的财务状况、经营成果和现金流量情况，还能帮助企业管理层做出重要的决策，使企业得以顺利、正常地运营。

财务贯穿了整个企业的所有经济活动，无论是采购付款，还是货物验收入库，又或者是生产投入成本的核算，以及销售商品收取货款等，都与财务密不可分。而其中销售商品收取货款等业务活动，是业务员负责开展的，由此可见，业务员了解和学习一些财务知识也是有必要的。

但实务中，企业很难做到对业务员进行相关的财务知识培训，如果业务员想要从财务方面提升自己的工作能力，该怎么办呢？专门去报班学习？成本有点高。向本企业的财务人员学习？似乎又有点麻烦，还有可能被怀疑与财务人员之间有"猫腻"。为了让业务员能自主了解和学习财务知识，我们编写了本书。

全书共 8 章，可划分为四部分。

◆ 第一部分为第 1 章，这部分主要对业务员在日常工作中可能涉及的财务基础知识和相关财务工作的处理进行讲解，使业务员能够快速进入学习财务知识的状态。

◆ 第二部分为第 2～6 章，这部分从票据的填开和使用、业务成本的控制、业务往来账的管理、常见的支付结算手段和经营收入这几个方面进行详细介绍，帮助业务员学习与业务活动相关的企业财务工作。

◆ 第三部分为第 7 章，这部分主要讲解与业务员个人利益有关的财务知识，如个人所得税的核算与汇算清缴、社保和住房公积金的缴纳、职工福利与奖金等内容。

◆ 第四部分为第 8 章，这部分主要是对业务员需要了解的财务知识的进阶内容作简单介绍，包括一些常见的合理节税方法和利用税收优惠政策进行税收筹划的措施。

本书语言通俗易懂，内容上采用了先易后难的讲解顺序，使读者可以了解更多、更实用的财务知识。书中必要位置穿插了案例，意在解析相关的财务知识点，帮助读者更快、更轻松地掌握财务知识。另外还设置了一些小栏目，以适当拓展读者的财务知识。

最后，希望所有读者都能从本书中学到想学的知识，快速打破财务壁垒，提高自身业务能力。

编　者

2021 年 5 月

目录

第 1 章　业务员需了解的财务基础知识

财务工作贯穿企业所有的经济活动，不管是企业的哪个部门，或多或少都会与财务部门打交道，也必然会涉及一些财务知识。因此，作为业务员，肯定也需要了解一些基础的财务知识，只有这样才能保证自身工作与财务工作的衔接更顺畅。

第2章 正确填开和使用票据

无论是哪种类型的企业，其业务员在日常工作中或多或少都会遇到填开票据或者使用票据的情况。而票据的正确填开及使用将直接影响企业财会人员的做账工作，因此，业务员很有必要了解在平时工作中如何正确填开票据和使用票据。

第3章 认识业务成本才能做好成本控制

所谓的业务成本，对企业来说其实就是与各种经济业务相关的成本和费用开支，比如主营业务成本、其他业务成本、采购价款、销售费用和其他一些期间费用，同时还有经济业务相关的税费支出。系统地学习这些业务成本项目，可有效帮助企业做好成本控制工作。

第 4 章　业务账款控制与管理全掌握

在采购活动和销售活动中，必然会涉及业务账款的收支。这些业务账款关系着企业经营收入和经营成本的核算，进一步影响着企业利润的实现。因此，业务员要掌握业务账款的控制与管理知识，为企业内部的财会人员顺利完成会计核算工作做好前期铺垫工作。

第5章　常见的支付和结算手段

在企业日常经营活动中，款项的收支方式有很多种，财务上专业的说法叫作"支付与结算手段"。作为销售业务员，肯定会涉及款项的收取；作为采购业务员，也会涉及款项的支付。哪种支付结算手段是企业正在使用的，不同的结算方式有什么区别等，这些知识对业务员来说是需要了解的。

第6章 与经营收入相关的财务知识

企业获取的经营收入是维持其后续经营发展的动力，如果没有经营收入，企业很难继续开展经济活动。再加上销售业务与经营收入直接挂钩，更与企业的盈利情况息息相关。因此，作为企业的一员，业务员很有必要了解与经营收入相关的财务知识，提高工作效率和质量，全面提升工作能力。

第7章 与自身收益有关的财务知识

业务员作为企业的一员，在为企业提供劳务的同时，必然会获取企业支付的劳务报酬，这是与自身收益相关的事。而劳务报酬的支付也需要企业进行相应的账务处理，其中涉及的财务知识就需要业务员切实掌握。比如个人所得税的计算、社保和住房公积金的缴纳等。

第8章　业务活动中的合理节税方法与纳税筹划

企业的经营管理并不是一件容易的事情，稍有不慎，就可能面临亏损，严重时还会面临破产。因为企业要有投入才有收入，净收益中的一部分又要作为税款缴存国库，所以为了减轻企业经营负担，企业应及时掌握与实施合理节税的方法以及税收优惠政策等，业务员亦需要有一定的了解。

第 **1** 章

业务员需了解的财务基础知识

　　财务工作贯穿企业所有的经济活动，不管是企业的哪个部门，或多或少都会与财务部门打交道，也必然会涉及一些财务知识。因此，作为业务员，肯定也需要了解一些基础的财务知识，只有这样才能保证自身工作与财务工作的衔接更顺畅。

为什么业务员要了解财务知识

业务员一般指在企业经济活动中承担具体专项经济业务的工作人员，如生产、计划、跟单、财会、统计和广告等，同时也指负责某项具体业务操作的人员。

那么，为什么业务员需要了解财务知识呢？下面就从不同类型业务员的工作内容出发，讲讲其与财务的关联。

（1）一般销售业务员

销售业务员的日常工作就是开展销售业务，销售公司生产的或经营的产品，与客户签订销货合同，记录销售情况和现款、应收账款的流水账，同时协助上级领导制定完善的销售管理办法，其中包括应收账款的管理办法。

在销售业务员的日常工作中，销售产品的行为会使公司产生主营业务收入或者其他业务收入；与客户签订的销货合同是公司财务部门用于记账的原始凭证，现款、应收账款等流水账明细又是财会人员登记现金、银行存款、应收账款等日记账和分类账的重要依据，也是编制现金流量表的原始材料。而在制定完善的销售管理办法时，其中的应收账款管理办法又会涉及财务工作中的应收账款核算与坏账准备计提。

由此可见，销售业务员很有必要了解一些财务基础知识。

（2）其他业务员

除了一般销售业务员外，其他工作岗位上的业务员或多或少都会接触合同的签订、钱款的收支以及票据的获取与开具，而这些事务又都与企业的财务工作密不可分。因此，要想在自己的岗位上有所作为，了解财务知识是必不可少的学习任务。

企业的纳税性质是什么

企业的纳税性质指企业的纳税人身份。在我国，纳税人身份主要有两种：增值税一般纳税人和增值税小规模纳税人。

我们一直在说，年应征增值税销售额超过财政部规定的小规模纳税人标准的企业和企业性单位，就是增值税一般纳税人。那么，究竟财政部规定的小规模纳税人标准是什么呢？

国家税务总局规定，企业产品或服务的年应税销售额不超过 500 万元的，可以认定为增值税小规模纳税人，而超过这一标准的，可以认定为增值税一般纳税人。

但要注意，并不是说年应税销售额不超过 500 万元的企业就一定要认定为小规模纳税人，如果这样的企业会计核算健全，且能提供准确的税务资料，则也可向主管税务机关申请办理一般纳税人登记。

通常，企业确定了自己的纳税人身份后，不得随意变更身份。但如果小规模纳税人达到了认定为一般纳税人的条件，也可以按照规定的程序办理一般纳税人登记手续。不过，除国家税务总局另有规定外，纳税人一旦认定为一般纳税人，就不得再转为小规模纳税人。

纳税人的税率是多少

什么是税率？它指某一税种制度下对征税对象征收的比例或征收的额度。由定义可知，税率分为比例税率和定额税率。其中比例税率又分为一般比例税率、超额累进税率和超率累进税率。不同税种和不同税目适用的税率都可能不同。实务中，有些税种下的某些税目采用比例税率和定额税率结合的方式征收税款。

这里所说的征税对象即课税对象，就是税法规定对什么征税，通常是各个税种指向的标的物，比如增值税的征税对象是在中华人民共和国境内销售和进口货物或提供加工、修理修配劳务所取得的增值额；消费税的征税对象是应税消费品，如烟、酒、高档化妆品、贵重首饰及珠宝玉石、鞭炮焰火、成品油、摩托车、小汽车、高尔夫球及球具、高档手表和木制一次性筷子等；车辆购置税的征税对象是税法规定应缴纳税款的车辆，包括汽车、摩托车、农用运输车、电车和挂车；车船使用税的征税对象是依法应在我国车船管理部门登记的车辆和船舶。

不同的税种，对应的税率是不同的，具体见表 1-1。

表 1-1　各税种的税率列示

税　　种	税率情况
增值税	1. 小规模纳税人：一般适用 3% 征收率，特殊情况为 5% 或减按 2% 征收 2. 一般纳税人：一般适用 13%、9%、6% 和 0 这 4 档税率，特殊情况为 5% 或采用简易计税办法计税时适用 3%、5% 征收率
消费税	不同税目的税率截然不同，有 56% 加 0.003 元 / 支、36% 加 0.003 元 / 支、11% 加 0.005 元 / 支、30%、15%、10%、5%、250 元 / 吨、1.52 元 / 升等

续表

税　　种	税率情况
关税	该税种的税率标准有很多，具体可参考《中华人民共和国进出口关税条例》《中华人民共和国进境物品归类表》以及海关总署和财政部、税务总局发布的有关进出口关税税率表确定
城市维护建设税	1. 纳税人所在地在市区的，税率为 7% 2. 纳税人所在地在县城或镇的，税率为 5% 3. 纳税人所在地在乡村的，税率为 1%
企业所得税	25%（一般适用税率）、20%（小型微利企业）、15%（高新技术企业和技术先进型服务企业）、10%（符合条件的非居民企业）
个人所得税	1. 综合所得（超额累进税率）：3%、10%、20%、25%、30%、35% 和 45% 共 7 个档次 2. 经营所得（超额累进税率）：5%、10%、20%、30% 和 35% 共 5 个档次 3. 利息、股息、红利所得，财产租赁所得，财产转让所得和偶然所得：均适用 20% 的税率
印花税	不同税目的税率是不同的，有支付价款的 0.3‰、借款金额的 0.05‰、保管费或仓储费的 1‰、每件 5 元等
耕地占用税	实行定额税率，且是有地区差别的幅度税额标准，具体有 10 ~ 50 元 / 平方米、8 ~ 40 元 / 平方米、6 ~ 30 元 / 平方米和 5 ~ 25 元 / 平方米这四类
城镇土地使用税	实行定额税率，且是有地区差别的幅度税额标准，具体有年税额 1.5 ~ 30 元 / 平方米、年税额 1.2 ~ 24 元 / 平方米、年税额 0.9 ~ 18 元 / 平方米和年税额 0.6 ~ 12 元 / 平方米这四类
契税	实行 3% ~ 5% 的幅度比例税率，具体税率由各省、自治区、直辖市人民政府在幅度税率规定范围内，按照本地区实际情况确定
房产税	1. 从价计征，税率为 1.2% 2. 从租计征，税率为 12%
土地增值税	实行四级超率累进税率，税率档次包括 30%、40%、50% 和 60%
车辆购置税	固定税率 10%
车船税	实行定额税率（即年基准税额），不同税目的税率不同。有 60 ~ 360 元、300 ~ 540 元、480 ~ 1 440 元、16 ~ 120 元和 3 ~ 6 元等

续表

税　种	税率情况
环境保护税	实行定额税率，不同税目的税率不同。有 1.2 ～ 12 元 / 污染当量、5 元 / 吨、15 元 / 吨、350 元 / 月和 11 200 元 / 月等
烟叶税	固定比例税率 20%
船舶吨税	采用定额税率，且按照 30 日、90 日和一年等期限来确定具体的税率
资源税	实行比例税率和定额税率两种形式，不同税目的税率不同。有 2% ～ 10%、3% ～ 10%、1% ～ 6%、3% ～ 8%、6% ～ 12%、3% ～ 15%、1 ～ 2%、7.5% ～ 27% 和每吨或每立方米 0.1 ～ 5 元等

一般纳税人和小规模纳税人有何区别

一般纳税人和小规模纳税人都是企业的纳税性质，两者之间存在明显差别。下面通过表 1-2 所示的内容来对比学习这些差别。

表 1-2　一般纳税人和小规模纳税人的差别

差　别	一般纳税人	小规模纳税人
认定标准	年应征增值税销售额超过 500 万元	年应征增值税销售额不超过 500 万元
会计核算	会计核算要健全	会计核算不健全
税率	适用 13%、10%、9%、6% 和 0 等税率	适用 3%、5% 征收率
应纳税额的计算方法不同	按"抵扣制"计算税额，即以当期增值税销项税额扣除当期增值税进项税额的余额为应纳税额	按照不含税销售收入乘以征收率计算应纳税额
发票	既可以开具增值税专用发票，也可以开具增值税普通发票，且专用发票可用来抵扣进项税额	只能适用普通发票，不能开具增值税专用发票，但可以向税务机关申请代开 3% 的增值税专用发票

续表

差　　别	一般纳税人	小规模纳税人
账务处理	收到增值税专用发票后，增值税进项税额通过"应交税费——应交增值税（进项税额）"科目单独核算	收到增值税发票后，要将含税价款全部计入采购货物的成本，不单独核算价款中包含的增值税
纳税申报	一般按月进行纳税申报	一般按季进行纳税申报
销售额免征点	无	月销售额不超过 10 万元（季度销售额不超过 30 万元）的，免征增值税

企业的报销制度是怎样的

在财务工作中，"报销"指将领用款项或收支账目全部汇总，罗列成清单，报请上级核销的行为。很多企业为了控制内部费用开销，会制定严格的费用报销制度，约束职工浪费企业资金的行为。

从更宽泛的角度来看，企业的报销制度就是财务报销制度，它是企业财务内部控制制度体系中的重要组成部分，可约束并监督企业内部全体员工和各个职能部门的费用开支行为。该制度的内容一般包括总则、财务会计、原则问题、财务管理、设施管理和其他事项，制定的目的就是要规范企业和企业职工的钱财支取操作，实时监控费用的产生和资金的去向。

比如，报销制度中会明确员工个人出差发生的费用、采购办公用品发生的支出以及发生的业务招待费等如何才能报销，怎么提供有效的发票和原始单据，报销的流程是怎样的，该找谁报销，该填写什么表格，以及哪些费用可以报销，哪些费用不能报销等。在为职工指明报销流程和方法的同时，也起到了约束员工行为的作用。

下面通过一个公司制定的财务报销制度，来讲解报销制度的制定工作。

财务报销制度

为完善财务管理，严格执行财务制度，结合公司的具体实际，特制定本报销制度。

一、暂借款及预付款审批制度

1. 暂借款是因业务需要的临时借款，包括差旅费及各种临时性借款。借款时须按"借款单"要求填列各项栏目，并按规定审批权限后，由财务部付款。

2. 预付款指因公司业务的需要，需预先支付的各项工程及购买材料、货物的款项，支付此款项时，需由经办人按要求填写"付款申请书"，向财务部出具采购申请单等材料，完备各项审批手续后，方可付款。

3. 以上经济业务发生时，需领用空白支票的，由财务人员在支票上写明日期、用途及限额，由领取人在支票存根上签收。支出时必须填写大小写金额，并及时告知出纳付款金额。不得将空白支票交给其他单位或个人。作废支票须交回财务部留存。遗失支票的，领取人必须及时报告财务部并登报声明作废，若支票已被支付，领取人要按被支付金额赔偿。

4. 所有借款及预付款必须在前账结清之后方可再借付。确实因业务需要而来不及结清前账的，必须向财务主管讲明原因，经同意后方可再借付。

5. 经办人必须在一个月内凭有效原始票据报销各项暂借及预付款项。超出 3 个月不结账者，财务部有权扣发经办人工资抵偿。

二、费用报销制度

1. 费用报销发票的内容包括日期、商品名称、单价、数量、金额并盖有开具发票单位的发票专用章或财务专用章。经办人必须要求开票单位如实填写发票所有内容，发票涂改、大小写不符、假发票以及未盖有财政监制章的收据一律不予报销。

2. 报销费用时必须填写"费用报销单"，所有单据要按性质（如差旅费、招待费、办公费用）分类、分次、分页粘贴填制；差旅费必须分次、按出差地点分开填列，并计算好出差天数，住宿、伙食补助和市内交通费在限额内填报。所有报销单据的张数和合计金额必须准确无误，粘贴要求整齐、美观。

3. 报销程序：经办人→财务部审核→分管副总经理→总经理审批→财务部结算（5 000元以下由分管副总经理审批）。

4. 公司除正常费用开支外，其余各项支出必须事先提出计划，按支出审批权限批准后，在计划范围内列支。

5. 办公用品的购置：由各部门根据需要，编制计划，报办公室审核汇总，按审批权限批准后，由办公室按计划统一购买，并建立实物账，详细登记办公用品的进、出情况。领用时，须填制出库单，经分管领导批准。

6. 各部门在开支业务招待费之前，需事先经公司总经理批准。否则，财务部不予报销。

7. 公司员工外出办事，原则上不能乘坐出租车。如果确实因为工作需要而必须乘坐出租车，要事先请示公司分管领导，并在报销单上注明必须乘坐出租车的原因。

8. 所有需报销的各种原始单据（包括购买材料和支付工程款），必须在单据所填日期的一个月内报销，超过一个月一律不予报销。

9. 物品采购报销须按公司 ISO 9002 采购控制程序、库房管理程序、进货检验程序完备审批手续后办理报销。

三、差旅费报销制度

1. 差旅费报销标准。

职　　务	火车	轮船	飞机	其他交通工具（出租车除外）	住宿标准（元）		市内交通费用	伙食补助费（元）	
					一般地区	特殊地区		一般地区	特殊地区
董事长总经理董事	软卧	一等舱	公务舱	按实报销	200.00	350.00	按实报销	80.00	100.00
副总经理工程师	软卧	二等舱	公务舱	按实报销	200.00	350.00	按实报销	60.00	80.00
部门经理高级工程师总经理助理	硬卧	三等舱	普通舱	按实报销	150.00	250.00	按实报销	50.00	60.00
其他工作人员	硬卧	四等舱	—	按实报销	50.00	150.00	按实报销	20.00	50.00

2. 出差住宿费和交通费实行限额控制、节约奖励的办法，特殊情况经公司总经理批准后方能实报实销；市内交通费和伙食补助费实行包干的办法，个人不得另报餐费。

①住宿费凭住宿发票，在规定标准范围内按实际住宿天数计算报销，超出标准的，超出部分自理。

②乘坐火车，晚8：00至次日晨7：00之间，在车上过夜6个小时以上，连续乘坐时间超过12小时的，可按第四条标准购卧铺票。符合此条款规定，而不买卧铺票的，按慢车和直快列车座位票价的60%奖励给个人，乘坐特快的，按特快列车座位票价的50%奖励（另外加收空调费用不计入座位票价之内）。乘坐新型空调特快或新型直快列车的，按其座位票价的30%奖励个人。

③符合乘坐飞机条件的出差人员到省内有班机通航的地方出差，在不影响工作的前提下，改乘坐火车（硬卧和座位）、普通汽车或轮船的，按飞机票价或减去相应的火车、普通汽车或轮船票价的差额，提取30%奖给个人。

④夜间乘坐长途汽车、轮船统舱超过 6 个小时，每人每夜另增发一天的伙食补助费。

⑤符合乘坐飞机条件的出差人员改乘火车的，连续乘车超过 12 个小时（含 12 个小时）的，每满 12 个小时，加发 50 元伙食补助。

3. 差旅费报销的其他规定。

①随同公司领导出差，乘坐交通工具和住宿与领导分不开的人员，按特殊情况处理。

②出差人员到达目的地至住地往返可乘出租车，凭据按实报销。

③自带交通工具或接待单位提供交通工具的出差人员不发市内交通费。

④趁出差或调动工作之便，回家探亲办事的，其有关费用均由个人自理。其绕道和在家期间一律不报销出差伙食补助费、住宿费和市内交通费。

⑤凡不符合乘坐飞机条件的人员，因公事紧急乘坐飞机的，应事前经有关领导批准，否则超出规定的费用个人自理。

⑥凡因公事支付的电话、电报费均予报销。

⑦凡属正副总经理指定陪客前往外地考察参观者，其各项开支不受上述规定限制，陪同宾客出差的人员，如果在食住行方面已享受公费者，均不再享受住勤及途中补助。

⑧凡被外单位和个人邀请到外地考察参观，或业务跟单的人员，其食宿费已由对方负担的，均不再享受包干费或补助费。外单位人员为我公司临时办事，其费用开支，经公司总经理批准可实报实销。

⑨出差天数的计算，原则为当天 12 时以前出发，12 时以后返回的按一天计算；当天 12 时以后出发，12 时以前返回的，按半天计算。

⑩实行差旅费制度后，各部门人员出差，原则上要定任务、定时间、定地点、定人数，实际出差天数超过原计划天数的费用，需经总经理批准。否则，

财务部不报销。

四、其他有关规定

1. 费用报销时间：每周星期五全天。报销材料货款及工程款不受此时间限制。

2. 工资发放时间：每月五日的下午。

以上规定的时间，若遇节假日顺延。

3. 公司财会人员有权对一切报销单据和所发生经济业务的合理性、合法性、真实性进行审核。若违反本制度一律不予报销，任何人不得打击报复。

4. 未尽事宜，由总经理受权财务部另行制定，解释权在公司财务部。

业务员出差如何报账

业务员在平时的工作中，为了拓展业务、寻找客户，出差是难免的事。而出差期间发生的各种费用不可能全部由员工自行承担，这样没有业务员愿意为公司的业绩而出差。所以，很多公司承诺业务员在出差期间发生的一些合理费用可以向公司报销，员工个人不需要承担这部分费用。那么，业务员如何报账才符合流程呢？

业务员有两种报账方式可供选择：一是先向公司借款，用借款出差，然后回公司后将剩余的借款归还给公司，或将自己填补的那部分费用向公司报账，由公司补付，具体流程如图1-1所示。

二是业务员先出差工作，自行垫付出差过程中发生的各种费用，出差结束后回公司，凭合理、有效的单据向公司报销款项，由公司支付员工报销的差旅费，具体流程如图 1-2 所示。

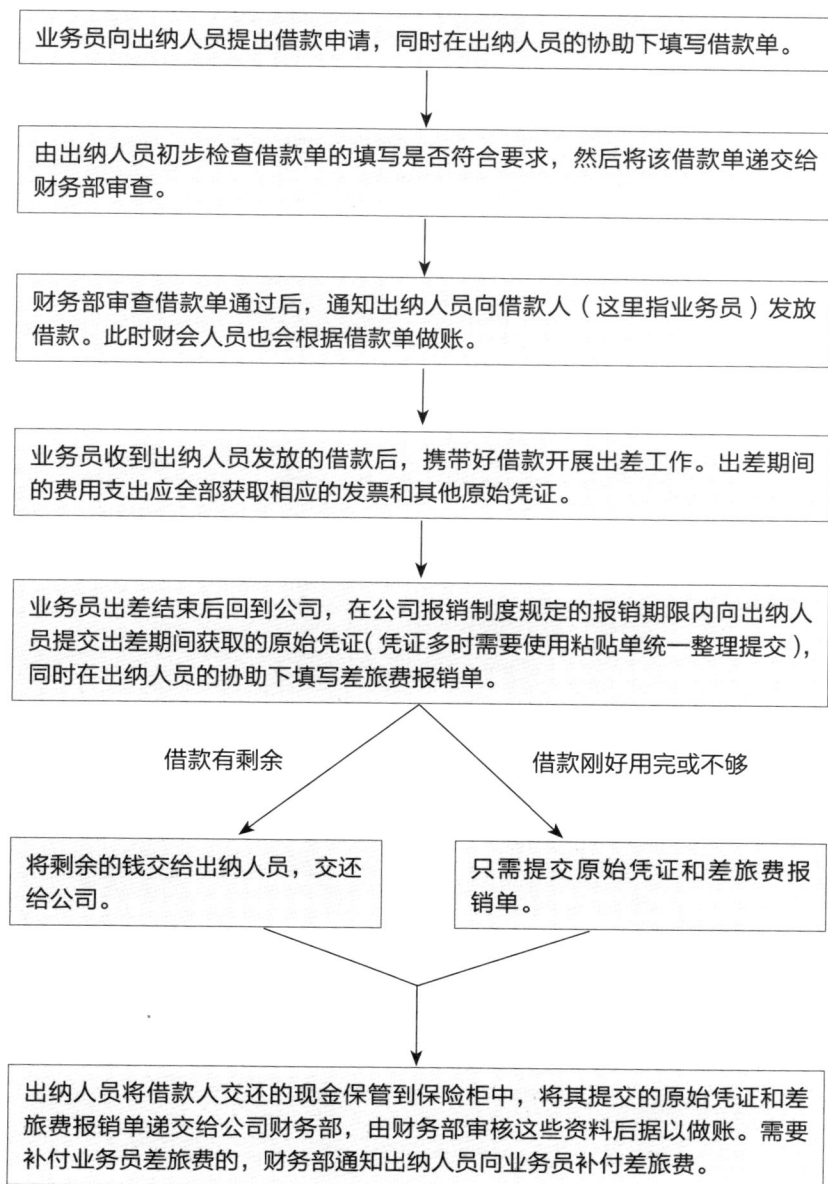

业务员向出纳人员提出借款申请，同时在出纳人员的协助下填写借款单。

↓

由出纳人员初步检查借款单的填写是否符合要求，然后将该借款单递交给财务部审查。

↓

财务部审查借款单通过后，通知出纳人员向借款人（这里指业务员）发放借款。此时财会人员也会根据借款单做账。

↓

业务员收到出纳人员发放的借款后，携带好借款开展出差工作。出差期间的费用支出应全部获取相应的发票和其他原始凭证。

↓

业务员出差结束后回到公司，在公司报销制度规定的报销期限内向出纳人员提交出差期间获取的原始凭证（凭证多时需要使用粘贴单统一整理提交），同时在出纳人员的协助下填写差旅费报销单。

借款有剩余　　　　　　　　借款刚好用完或不够

将剩余的钱交给出纳人员，交还给公司。　　　　只需提交原始凭证和差旅费报销单。

↓

出纳人员将借款人交还的现金保管到保险柜中，将其提交的原始凭证和差旅费报销单递交给公司财务部，由财务部审核这些资料后据以做账。需要补付业务员差旅费的，财务部通知出纳人员向业务员补付差旅费。

图 1-1　先借款后报销

业务员先到出差地执行出差任务，完成出差工作，在出差期间发生各项费用开支时向商家索要发票或相关凭证，保管好这些凭证。

业务员出差结束后回到公司，在公司报销制度规定的报销期限内向出纳人员提交出差期间获取的原始凭证（凭证多时要使用粘贴单统一整理提交），同时在出纳人员的协助下填写差旅费报销单。

出纳人员初步审查差旅费报销单的填列是否符合要求，提交的凭证是否合规。

符合要求　　　　　　　　不符合要求

出纳人员将业务员提交的凭证资料和填写的差旅费报销单递交给公司财务部。

由出纳人员监督业务员重新填写差旅费报销单，提交的凭证有问题的，督促其重新提交，直到这些资料没有问题，再递交给公司财务部。

财务部审核业务员提交的原始凭证和填写的差旅费报销单无误后，通知出纳人员向业务员补付差旅费。

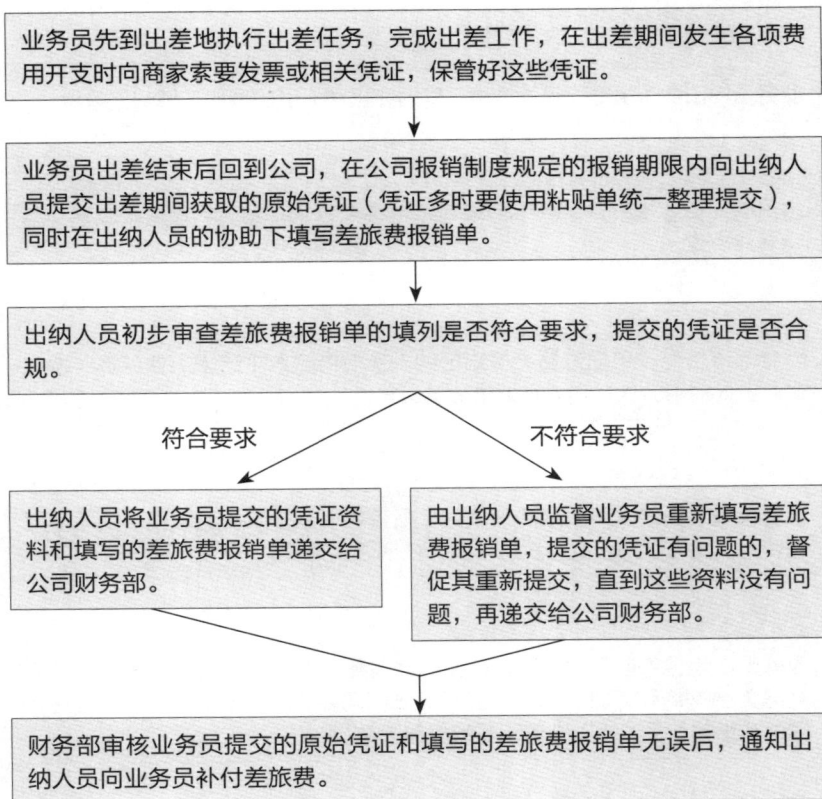

图1-2　先垫付后报销

业务员出差报账行为是有要求的

不仅是业务员，企业内部职工报账都要遵循一定的要求，这样才能使公司更好地实施财务报账制度，管理好费用开支。对于业务员而言，需要遵循的要求有如下几点。

◆　出差前需向部门领导报备。

很多公司的业务员为了拓展公司的销售市场，会到其他城市跑业务。而业务员出差涉及公司的差旅费核算问题，因此，为了保证财务核算工作尽可能准确，业务员出差前必须与部门领导报备，最后进行差旅费报销时才可确定出差时间和时长，有助于财会人员审核差旅费的合理性。

◆　只有符合要求的凭证才能作为报销依据。

有些在职人员可能在出差回公司报账时，被出纳或财务部告知有些费用不能报销。其中很大原因就是业务员出差期间获取的凭证不符合报账的要求，比如凭证类型与费用性质不符、凭证记录的内容有误等。财务工作中，只允许符合要求的凭证作为报销依据，否则不予报销。因此，业务员要学习和了解哪些凭证是不符合要求而无法报账的，哪些凭证是符合要求可予以报账的，从而使其自身提供有效的报销凭据，成功报账。

◆　必须在公司规定的报销时限内提出费用报销申请。

很多企业为了防止在职员工在报账工作中做出舞弊行为，就会制定相应的管理办法或制度来约束员工报账的行为，包括报销时限的规定。比如，有些企业在财务报销制度中规定员工出差发生的差旅费在发生后的一个月内进行报销，超过一个月没有报销的，将不再予以报销。这样对企业来说既可以防止员工的财务舞弊行为，又可以通过员工如何报账来获取成本、费用开支的具体情况，为企业做好成本费用管控工作提供便利。

◆　出差工作结束后必须如实填写差旅费报销单。

无论是出差前向公司借了款项用于出差，还是先出差自己垫付费用后回公司报销，都需要业务员在出差工作结束并回到公司进行报销时填写差旅费报销单，如实填写出差地点、出差时间、住宿费、车船费和单据张数等信息。常见的差旅费报销单如图 1-3 所示。

差 旅 费 报 销 单

报销部门：　　　　　　　　　　　　　　　　　　　　　　　　　年　月　日

<table>
<tr><td>姓 名</td><td colspan="2"></td><td colspan="2">职 别</td><td></td><td>出差事由</td><td colspan="5"></td></tr>
<tr><td rowspan="6">出差地点</td><td>日 期</td><td>区 间</td><td>人数</td><td>天 数</td><td>其中：途中天数</td><td>市内/市外</td><td>补贴项目</td><td>人数</td><td>天数</td><td>标准</td><td>金 额</td></tr>
<tr><td>月 日－ 月 日</td><td></td><td></td><td></td><td></td><td></td><td>伙食补贴</td><td></td><td></td><td></td><td></td></tr>
<tr><td>月 日－ 月 日</td><td>-</td><td></td><td></td><td></td><td></td><td>交通费补贴</td><td></td><td></td><td></td><td></td></tr>
<tr><td>月 日－ 月 日</td><td>-</td><td></td><td></td><td></td><td></td><td>司机出车补贴</td><td></td><td></td><td></td><td></td></tr>
<tr><td>月 日－ 月 日</td><td>-</td><td></td><td></td><td></td><td></td><td>不买卧铺补贴</td><td></td><td></td><td></td><td></td></tr>
<tr><td>月 日－ 月 日</td><td>-</td><td></td><td></td><td></td><td></td><td>小 计</td><td></td><td></td><td></td><td></td></tr>
<tr><td colspan="2" rowspan="2">项 目</td><td colspan="3">报销数</td><td colspan="2">审核数</td><td colspan="5" rowspan="3">说明：</td></tr>
<tr><td>单据张数</td><td colspan="2">报销金额</td><td>单据张数</td><td>审核金额</td></tr>
<tr><td colspan="2">住 宿 费</td><td></td><td colspan="2"></td><td></td><td></td></tr>
<tr><td colspan="2">车 船 票</td><td></td><td colspan="2"></td><td></td><td></td><td colspan="5" rowspan="4">主（分）管领导审批：</td></tr>
<tr><td colspan="2">飞 机 票</td><td></td><td colspan="2"></td><td></td><td></td></tr>
<tr><td colspan="2"></td><td></td><td colspan="2"></td><td></td><td></td></tr>
<tr><td colspan="2">小计</td><td></td><td colspan="2"></td><td></td><td></td></tr>
<tr><td colspan="8">合计金额大写：</td><td colspan="4">合计金额小写：</td></tr>
</table>

单位盖章　　　　会计：　　　　　　出纳：　　　　　　报销人：

图 1-3　差旅费报销单

报销单的正确填列方法

业务员需要知道的是，企业的报销单主要有两种，一种是专门用于员工差旅费报销的差旅费报销单，还有一种是企业各职能部门员工需要报销办公用品费和水电费等费用时要用到的费用报销单。两种报销单的“长相”是不同的，因此填列方法也不同。

（1）差旅费报销单的填列

在上一节内容中我们已经了解了差旅费报销单的常见格式，根据其格式内容，需要按照如下方法进行填列。

①“报销部门”填写出差人员所在的部门，右上角“年月日”填写出差人员回公司报账并填写报销单的日期；然后填写出差人员的姓名、职别和出差事由，其中出差事由指业务员出差的目的和主要工作内容；在“出差地点”

栏，“区间”填写出差地点，在对应的“日期”栏填写相应出差地点的起止时间，然后对应填写每一个出差地点的出差人数、天数和途中天数；在“市内 / 市外”栏填写各出差地点是否在公司所属的市区内；接着如实填写各种补贴涉及的人数、天数、标准和总金额；再填写出差期间收到的各种票据的报销张数、金额和审核张数、金额；最后合计出报销金额总数，如果有特殊情况的说明，则在“说明”栏中注明，填写报销人的姓名，填写完毕后就交由部门领导审批，再交给出纳人员审核并加盖出纳人员的私章。

②业务员在填写该报销单时，最好使用黑色或者蓝黑墨水笔书写。

③填写差旅费报销单时不能在报销单上涂改。

④关于市内交通、住宿费等补助的填写，需要按照公司的具体报销制度的规定进行填写，不能随意更改补贴标准。

⑤差旅费报销单应按照出差的次数填写，即每出差一次就要填写一张差旅费报销单，在外连续出差多天的，要在同一张报销单上填写多天出差记录。

（2）费用报销单的填列

费用报销单与差旅费报销单的格式有明显的不同，如图 1-4 所示。

费 用 报 销 单　　No6001141

报销部门：　　年　月　日　　单据及附件共____页

报销项目	摘　要	金额 十	万	千	百	十	元	角	分	备注	
										领导审批	
合　计											
金额大写：		原借款：　元								应退（补）款：　元	

发据单位盖章　　会计：　　出纳：　　审核：　　报销人：

图 1-4　常见的费用报销单格式

费用报销单可按照如下规则进行填列。

①"报销部门"填写费用报销人所在的部门或者费用使用部门，"年月日"填写费用报销单的填写日期，"单据及附件 × 页"填写所报销费用对应的凭证张数；在"报销项目"栏填写费用支出的项目名称或经济事项，"摘要"栏内对项目情况和经济事项进行简要说明；在"金额"栏如实填写所报销费用的金额；在"备注"栏内注明费用使用过程中的特殊情况或说明；在"合计"栏填写所有项目应报销费用的合计数，同时在"金额大写"栏中填写合计金额的大写；如果报销人在前期向公司借了款，则需在"原借款："栏内如实填写前期的借款金额，并在"应退（补）款："栏内填写报销人应退回公司的款项金额或者公司应补给报销人的金额；然后填写报销人姓名，交由出纳人员审核，并加盖出纳人员私章，相关责任人签章后交给领导审批。

②使用黑色或蓝黑墨水笔书写，不能使用圆珠笔、铅笔或者红色墨水笔。

③费用报销单在填写时不能涂改。

④单据及附件的页数或张数要用大写数字书写。

⑤报销项目要填写清楚，即费用的"用途"要清晰、明确。

⑥"备注"栏一般用于填写转账时对方单位的银行账户名称、开户行名称和银行账号等信息，也可填写费用"用途"的补充说明。

企业会计资料有哪些种类

企业的会计资料主要包括凭证、账簿、财务报表和各种表单等，而且每种会计资料的最低保管期限是不同的，业务员也需要了解这些会计资料的最低保管期限，以防过早或过晚销毁资料，造成财务漏洞，见表 1-3。

表 1-3　会计资料的最低保管期限

类　别	资料名称	最低保管期限	备　注
会计凭证	原始凭证	30 年	
	记账凭证	30 年	
会计账簿	总账	30 年	
	明细账	30 年	
	日记账	30 年	
	固定资产卡片	固定资产报废清理后保管 5 年	
	其他辅助性账簿	30 年	
财务会计报告	月度、季度、半年度财务会计报告	10 年	
	年度财务会计报告	永久	
其他会计资料	银行存款余额调节表	10 年	
	银行对账单	10 年	
	纳税申报表	10 年	
	会计档案移交清册	30 年	
	会计档案保管清册	永久	
	会计档案销毁清册	永久	
	会计档案鉴定意见书	永久	

除了表 1-3 所示的会计资料外，企业的经营管理活动中使用的应收账款账龄分析表、应收票据登记表、试算平衡表、各种收据、发票、科目汇总表、借款单、差旅费报销单和费用报销单等，也都属于会计资料，且细分到原始凭证类别。

初步认识财务工作中的对账、结账

财务工作中的对账工作就是核对账目看其是否正确，结账工作就是在对账工作结束后，确定各账目准确无误后结算当期所有账项、汇总发生额合计和当期余额。

（1）对账

业务员要知道，从严格意义上来说，企业的对账工作有 4 个部分，账证核对、账账核对、账实核对和账表核对。其中，账表核对发生在结账工作后，指会计账簿与财务报表之间的核对工作。这里主要讲解前 3 种对账工作，具体内容见表 1-4。

表 1-4　对账工作的具体内容

方　　面	具体内容
账证核对	指账簿记录与会计凭证之间的核对工作，是保证账账相符和账实相符的基础。账证核对工作一般在编制凭证和登记账簿时进行复核等环节进行，主要是核对各种会计账簿的记录与原始凭证和记账凭证的时间、凭证字号、内容及净额等是否一致，记账方向是否正确、相符等 1. 看总账的记录与记账凭证汇总表的记录是否相符 2. 看记账凭证汇总表的记录与所有记账凭证的记录是否相符 3. 看明细账的记录与对应的记账凭证内容和涉及的支票号码、其他结算票据的种类等信息是否相符等
账账核对	指账簿与账簿之间相关联信息的核对工作 1. 总账中的有关账户之间的核对：看总账各账户借方期末余额合计数与贷方期末余额合计数是否相等 2. 总账与明细账之间的核对：看总账各账户的期末余额与其下辖的明细账账户的期末余额之和是否相等；看总账各账户的本期发生额与其下辖的各明细账账户的本期发生额之和是否相等

续表

方面	具体内容
账账核对	3.总账与日记账之间的核对：看库存现金日记账和银行存款日记账的期末余额与其对应的总分类账户的期末余额是否相等 4.财务部门的财产物资明细账与财产物资保管和使用部门的有关明细账之间的核对：看财务部门的各种财产物资明细账期末余额与财产物资保管和使用部门记录的有关财产物资明细账期末余额是否相等
账实核对	指各种财产物资的账面余额与其实存或实有数额进行核对的工作 1.看现金日记账的账面余额与现金实际库存数额是否相等 2.看公司的银行存款日记账账面余额与开户银行开具的银行对账单余额是否相等 3.看各种材料、物资和固定资产等财产的明细账与其各自的实存数是否相等 4.看本公司的应收、应付款项明细账与客户和供应商记录的应付、应收款项的记录是否一致

注意，在进行对账工作时，财会人员可能会借助试算平衡表。如果在进行银行存款日记账账面余额与银行对账单余额核对时发现结果不一致，则财会人员需编制银行存款余额调节表来协助查明结果不一致的原因，但该调节表并不是财会人员的记账依据，只是调账的工具。

知识延伸 | 错账更正

业务员要了解，若财会人员在对账工作中发现存在错账，则需要先进行错账更正，才能进行结账工作。错账更正方法主要有3种，适用的错账情形是不同的。

1.划线更正法：适用于记账凭证没有错误，只是会计账簿记录中有文字或数字错误的情形。

2.红字更正法：适用于记账（登记账簿）后发现记账凭证中应借、应贷会计科目有错误引起的记账错误，或者是记账（登记账簿）后发现记账凭证和账簿记录中的应借、应贷会计科目无误，只是所记金额大于应记金额引起的记账错误。

3.补充登记法：适用于记账后发现记账凭证和账簿记录中应借、应贷会计科目无误，只是所记金额小于应记金额的情况。

（2）结账

根据结账的时间点不同，结账工作分为月结、季结和年结 3 种。

◆ 月结。

月结就是每月终了后的结账工作。像库存现金、银行存款等日记账和需要按月结计发生额的收入、费用等明细账，每月结账时在最后一笔经济业务记录下方通栏划一条单红线，结出本月发生额和余额，并在摘要栏内注明"本月合计"字样，再在下方通栏划一条单红线，如图 1-5 所示。

现金日记账

2019年		凭证		对方科目	摘要	借方	贷方	余额	核对
月	日	种类	号数			百十万千百十元角分	百十万千百十元角分	百十万千百十元角分	
10					承前页			1 1 5 0 0 0 0	✓
10	3	记	005	管理费用	付办公室报购办公用品款		5 4 0 0 0	1 0 9 6 0 0 0	✓
10	5	记	007	主营业务收入	收到营业款	1 5 0 0 0 0 0		2 5 9 6 0 0 0	✓
10	7	记	010	银行存款	取现	3 0 0 0 0 0 0		5 5 9 6 0 0 0	✓
10	7	记	011	其他应收款	付赵英借备用金		2 0 0 0 0 0	5 3 9 6 0 0 0	✓
10	8	记	012	销售费用	付广告宣传费		2 5 0 0 0 0	5 1 4 6 0 0 0	✓
10	9	记	013	管理费用	付办公室报购办公用品款		1 3 8 0 0 0	5 0 0 8 0 0 0	✓
10	9	记	014	主营业务收入	收到营业款	2 4 0 0 0 0		5 2 4 8 0 0 0	✓
10	12	记	015	管理费用	付赵英报差旅费		1 5 0 0 0	5 2 3 3 0 0 0	✓
10	20	记	018	管理费用	付办公室报销通讯费		4 5 0 0 0	5 1 8 8 0 0 0	✓
10	20	记	019	应付职工薪酬	付职工生活费		1 0 0 0 0 0	5 0 8 8 0 0 0	✓
10	23	记	010	管理费用	付驾驶员车辆使用费		3 2 4 0 0	5 0 5 5 6 0 0	✓
10	25	记	021	其他应收款	垫付销售部赵勇医药费		2 0 0 0 0 0	4 8 5 5 6 0 0	✓
10	31	记	024	管理费用	付10月水电费		2 5 9 5 0 0	4 5 9 6 1 0 0	✓
10	31	记	025	主营业务收入	收到营业款	5 6 0 0 0 0		5 1 5 6 1 0 0	✓
10					本月合计	5 3 0 0 0 0 0	1 2 9 3 9 0 0	5 1 5 6 1 0 0	

图 1-5 需要按月结计发生额的月结操作

对于不需要按月结计本期发生额的账户，如应收、应付款明细账和各项财产物资明细账等，月末结账时，只需在最后一笔经济业务记录下方通栏划一条单红线即可，每月最后一笔余额就为月末余额，无须再次结计余额。

◆ 季结。

季结就是每个季度终了后的结账工作。结账时，在每个季度最后一个月月结的下一行"摘要"栏内注明"本季合计"字样，同时结出借、贷方发生额总额和季末余额，再在该行下面通栏划一条单红线，如图 1-6 所示。

12	11	记	008	管理费用	报销车辆使用费													8	1	2	0	0		7	8	6	2	4	0	0	√
12	11	记	009	主营业务收入	收到营业款		2	4	5	0	0	0	0	0									1	0	3	1	2	4	0	0	√
12	12	记	011	主营业务收入	收到营业款		2	1	0	0	0	0	0	0									1	2	4	1	2	4	0	0	√
12	12	记	012	管理费用	付办公费													1	5	5	0	0	0		1	2	2	5	7	4	0	0	√
12	15	记	014	其他应收款	付王文借备用金													2	7	0	0	0	0		1	1	9	8	7	4	0	0	√
12	17	记	015	管理费用	付报业务招待费													1	0	7	5	0	0		1	1	8	7	9	9	0	0	√
12	28	记	020	管理费用	付报会务费													2	1	4	0	0	0		1	1	6	6	5	9	0	0	√
12	30	记	021	管理费用	付通讯费														4	6	5	0	0		1	1	6	1	9	4	0	0	√
12	30	记	021	应付职工薪酬	付职工生活费													1	0	6	5	0	0		1	1	5	1	2	9	0	0	√
12	31	记	024	管理费用	付12月水电费													2	5	0	0	0	0		1	1	2	6	2	9	0	0	√
12	31	记	032	银行存款	将现金存入银行										9	0	0	0	0	0	0			2	2	6	2	9	0	0	√
12					本月合计		7	3	6	0	0	0	0	0	1	0	4	2	9	7	0	0		2	2	6	2	9	0	0	
12					本季合计	1	3	2	6	7	9	0	0	1	1	0	0	5	0	0	0		2	2	6	2	9	0	0	

图 1-6　季结操作

◆　年结。

年结指年度终了后的结账工作。如果是总账账户，平时只需结出月末余额，年结时在"本月合计"行或"本季合计"行的下一行"摘要"栏内注明"本年合计"字样，并在下面通栏划一条单红线，如图 1-7 所示。

12	30	记	022	应收账款	收到前欠货款		2	9	1	0	0	0	0									4	1	0	9	7	7	4	√
12	30	记	023	应付利息	付短期借款利息												4	3	5	0	0	4	1	0	5	4	2	7	4	√
12	31	记	025	应收票据	应收票据贴现		2	4	2	5	0	0	0									4	3	4	7	9	2	7	4	√
12	31	记	027	应付职工薪酬	付12月工资并代扣社保									3	1	7	0	5	4	2	0	1	1	7	7	3	8	5	4	√
12	31	记	028	应交税费	付11月应交税费										3	4	4	8	9	9	1	1	4	2	8	9	5	5	√
12	31	记	030	财务费用	付银行手续费												1	3	5	0	0	1	1	4	1	5	4	5	5	√
12	31	记	031	财务费用	收到银行利息			1	0	3	1	7	7									1	1	5	1	8	6	3	2	√
12	31	记	032	库存现金	将现金存银行		9	0	0	0	0	0	0									2	0	5	1	8	6	3	2	√
12					本月合计	4	3	7	7	7	1	7	7	4	0	3	6	2	3	1	9	2	0	5	1	8	6	3	2	
12					本年合计	1	0	2	9	8	1	7	7	1	0	8	3	3	3	5	4	2	0	5	1	8	6	3	2	

图 1-7　年结操作

如果是需要结计本年累计发生额的明细账户，每月结账时应在"本月合计"行下结出从年初起至本月末止的累计发生额，在"摘要"栏内注明"本年累计"字样，并在下面通栏划一条单红线，如图 1-8 所示。

现 金 日 记 账

2019年		凭证		对方科目	摘要	借方									贷方									余额									核对
月	日	种类	号数			百	十	万	千	百	十	元	角	分	百	十	万	千	百	十	元	角	分	百	十	万	千	百	十	元	角	分	
11					承前页																						5	3	8	4	4	0	0	√
11	25	记	016	主营业务收入	收到营业款				7	2	5	0	0	0												6	1	0	9	4	0	0	√
11	28	记	017	管理费用	付驾驶员报销车辆使用费													3	7	0	0	0	0			6	0	7	2	4	0	0	√
11	28	记	018	管理费用	付业务招待费													1	5	2	8	0	0			5	9	1	9	6	0	0	√
11	29	记	020	固定资产	付购买笔记本电脑价款													3	0	0	0	0	0			5	6	1	9	6	0	0	√
11	30	记	021	管理费用	付11月水电费													2	8	7	0	0	0			5	3	3	2	6	0	0	√
11					本月合计			1	5	7	0	0	0	0			1	3	9	3	5	0	0			5	3	3	2	6	0	0	
11					本年累计			6	8	7	0	0	0	0			2	6	8	7	4	0	0			5	3	3	2	6	0	0	

图 1-8　"本年累计"操作

还需要业务员了解的是，财会人员在根据前述内容进行年结操作后，实际上年结工作是没有完成的，还需要将有余额的账户进行余额结转，结转下年，并在"摘要"栏内注明"结转下年"字样，如图1-9所示。并且，下一会计年度启用账簿时，要在有关账户的第一行余额栏内填写上年结转的余额，并在该行"摘要"栏内注明"上年结转"字样。

12	12	记	012	管理费用	付办公费									1	5	5	0	0	0		1	2	2	5	7	4	0	0	✓
12	15	记	014	其他应收款	付王文借备用金									2	7	0	0	0	0		1	1	9	8	7	4	0	0	✓
12	17	记	015	管理费用	付报业务招待费									1	0	7	5	0	0		1	1	8	7	9	9	0	0	✓
12	28	记	020	管理费用	付报会务费									2	1	4	0	0	0		1	1	6	6	5	9	0	0	✓
12	30	记	021	管理费用	付通讯费										4	6	5	0	0		1	1	6	1	9	4	0	0	✓
12	30	记	024	应付职工薪酬	付职工生活费									1	5	5	0	0	0		1	1	5	1	2	9	0	0	✓
12	31	记	024	管理费用	付12月水电费									2	5	0	0	0	0		1	1	2	6	2	9	0	0	✓
12	31	记	032	银行存款	将现金存入银行			9	0	0	0	0	0	0	0	0					2	2	6	2	9	0	0	✓
12					本月合计		7	3	6	0	0	0	0	0	1	0	4	2	9	7	0	0	2	2	6	2	9	0	0	
					本季合计	1	3	2	6	7	9	0	0	1	1	0	0	0	0	0	0	2	2	6	2	9	0	0	
12					本年累计	1	4	2	3	0	0	0	0	1	3	1	1	7	1	0	0	2	2	6	2	9	0	0	
					结转下年																									
					过次页																									

图1-9　年结时结转账户的余额

简单了解4个重要的财务报表

对企业来说，重要的财务报表有4个：资产负债表、利润表、现金流量表和所有者权益变动表。

（1）资产负债表

资产负债表是反映企业在某一时点的财务状况的静态报表，表中涵盖了企业资产、负债和所有者权益这3个方面的综合信息。国际上，该报表有账户式和报告式两种形式。但我国企业一般采用账户式，即左右结构，左边全部列示资产类项目，右边上方列示负债类项目，下方列示所有者权益类项目。图1-10所示是常见的资产负债表格式。

资产负债表

编制单位：

年　月　日

会企 01 表
单位：元

资产	期末余额	年初余额	负债和所有者权益（或股东权益）	期末余额	年初余额
流动资产：			流动负债：		
货币资金			短期借款		
交易性金融资产			交易性金融负债		
衍生金融资产			衍生金融负债		
应收票据			应付票据		
应收账款			应付账款		
预付款项			预收款项		
其他应收款			合同负债		
存货			应付职工薪酬		
合同资产			应交税费		
持有待售资产			其他应付款		
一年内到期的非流动资产			持有待售负债		
其他流动资产			一年内到期的非流动负债		
流动资产合计			其他流动负债		
非流动资产：			流动负债合计		
债权投资			非流动负债：		
其他债权投资			长期借款		
长期应收款			应付债券		
长期股权投资			其中：优先股		
其他权益工具投资			永续债		
其他非流动金融资产			租赁负债		
投资性房地产			长期应付款		
固定资产			预计负债		
在建工程			递延收益		
生产性生物资产			递延所得税负债		
油气资产			其他非流动负债		
使用权资产			非流动负债合计		
无形资产			负债合计		
开发支出			所有者权益（或股东权益）：		
商誉			实收资本（或股本）		
长期待摊费用			其他权益工具		
递延所得税资产			其中：优先股		
其他非流动资产			永续债		
非流动资产合计			资本公积		
			减：库存股		
			其他综合收益		
			专项储备		
			盈余公积		
			未分配利润		
			所有者权益（或股东权益）合计		
资产总计			负债和所有者权益（或股东权益）总计		

图 1-10　资产负债表（适合已经执行新金融准则、新收入准则和新租赁准则）

（2）利润表

利润表是反映企业在一定会计期间内的经营成果的动态报表，表中包含了众多损益类项目（即影响企业利润的项目）。利润表有单步式和多步式两种形式，我国大多数企业采用多步式。单步式利润表是将当期收入总额相加，然后将所有成本、费用相加，用收入总额减去成本费用总额一次性计算出当期收益；而多步式利润表是将各种利润分多个步骤进行计算，最终求得净利润。常见的多步式利润表格式如图 1-11 所示。

利润表

会企 02 表

编制单位：　　　　　　　年　月　　　　　　　　单位：元

项目	本期金额	上期金额
一、营业收入		
减：营业成本		
税金及附加		
销售费用		
管理费用		
研发费用		
财务费用		
其中：利息费用		
利息收入		
加：其他收益		
投资收益（损失以"-"号填列）		
其中：对联营企业和合营企业的投资收益		
以摊余成本计量的金融资产终止确认收益（损失以"-"填列）		
净敞口套期收益（损失以"-"号填列）		
公允价值变动收益（损失以"-"号填列）		
信用减值损失（损失以"-"号填列）		
资产减值损失（损失以"-"号填列）		
资产处置收益（损失以"-"号填列）		
二、营业利润（亏损以"-"号填列）		
加：营业外收入		
减：营业外支出		
三、利润总额（亏损总额以"-"号填列）		
减：所得税费用		
四、净利润（净亏损以"-"号填列）		
（一）持续经营净利润（净亏损以"-"号填列）		
（二）终止经营净利润（净亏损以"-"号填列）		
五、其他综合收益的税后净额		
（一）不能重分类进损益的其他综合收益		
1.重新计量设定受益计划变动额		
2.权益法下不能转损益的其他综合收益		
3.其他权益工具投资公允价值变动		
4.企业自身信用风险公允价值变动		
……		
（二）将重分类进损益的其他综合收益		
1.权益法下可转损益的其他综合收益		
2.其他债权投资公允价值变动		
3.金融资产重分类计入其他综合收益的金额		
4.其他债权投资信用减值准备		
5.现金流量套期储备		
6.外币财务报表折算差额		
……		
六、综合收益总额		
七、每股收益		
（一）基本每股收益		
（二）稀释每股收益		

图 1-11　利润表（适合已经执行新金融准则、新收入准则和新租赁准则）

（3）现金流量表

现金流量表是反映企业在一个固定期间内现金流量的变动情况的动态报表，表中包含三大类活动的现金流量情况：经营活动产生的现金流量、投资活动产生的现金流量和筹资活动产生的现金流量。每一种活动都记录了现金流入、流出和净流量情况。常见的现金流量表格式如图 1-12 所示。

现金流量表

会企 03 表

编制单位：　　　　　　　　　　年　　月　　　　　　　　　　单位：元

项目	本月金额	本年累计金额
一、经营活动产生的现金流量：		
销售商品、提供劳务收到的现金		
收到的税费返还		
收到其他与经营活动有关的现金		
经营活动现金流入小计		
购买商品、接受劳务支付的现金		
支付给职工以及为职工支付的现金		
支付的各项税费		
支付其他与经营活动有关的现金		
经营活动现金流出小计		
经营活动产生的现金流量净额		
二、投资活动产生的现金流量：		
收回投资收到的现金		
取得投资收益收到的现金		
处置固定资产、无形资产和其他长期资产收回的现金净额		
处置子公司及其他营业单位收到的现金净额		
收到其他与投资活动有关的现金		
投资活动现金流入小计		
购建固定资产、无形资产和其他长期资产支付的现金		
投资支付的现金		
取得子公司及其他营业单位支付的现金净额		
支付其他与投资活动有关的现金		
投资活动现金流出小计		
投资活动产生的现金流量净额		
三、筹资活动产生的现金流量：		
吸收投资收到的现金		
取得借款收到的现金		
收到其他与筹资活动有关的现金		
筹资活动现金流入小计		
偿还债务支付的现金		
分配股利、利润或偿付利息支付的现金		
支付其他与筹资活动有关的现金		
筹资活动现金流出小计		
筹资活动产生的现金流量净额		
四、汇率变动对现金及现金等价物的影响		
五、现金及现金等价物净增加额		
加：期初现金及现金等价物余额		
六、期末现金及现金等价物余额		

图 1-12　现金流量表（适合已经执行新金融准则、新收入准则和新租赁准则）

（4）所有者权益变动表

所有者权益变动表是反映一定会计期间内企业所有者权益变动情况的报表，主要反映 3 个方面的财务信息：一是所有者权益总量的增减变动；二是所有者权益增减变动的重要结构性信息；三是直接计入所有者权益的利得和损失。常见的所有者权益变动表格式如图 1-13 所示。

所有者权益变动表

会企04表

编制单位： 年度 金额单位：元

项目	本年金额														上年金额													
	实收资本（或股本）	其他权益工具			资本公积	减：库存股	其他综合收益	专项储备	盈余公积	未分配利润	所有者权益合计				实收资本（或股本）	其他权益工具			资本公积	减：库存股	其他综合收益	专项储备	盈余公积	未分配利润	所有者权益合计			
		优先股	永续债	其他												优先股	永续债	其他										
一、上年年末余额																												
加：会计政策变更																												
前期差错更正																												
其他																												
二、本年年初余额																												
三、本期增减变动金额（减少以"-"号填列）																												
（一）综合收益总额																												
（二）所有者投入和减少资本																												
1. 所有者投入的普通股																												
2. 其他权益工具持有者投入资本																												
3. 股份支付计入所有者权益的金额																												
4. 其他																												
（三）利润分配																												
1. 提取盈余公积																												
2. 对所有者（或股东）的分配																												
3. 其他																												
（四）所有者权益内部结转																												
1. 资本公积转增资本（或股本）																												
2. 盈余公积转增资本（或股本）																												
3. 盈余公积弥补亏损																												
4. 设定受益计划变动额结转留存收益																												
5. 其他综合收益结转留存收益																												
6. 其他																												
四、本年年末余额																												

图 1-13　所有者权益变动表（适合已经执行新金融准则、新收入准则和新租赁准则）

业务员在日常工作中发生的经济活动以及产生的一些经济数据等，与资产负债表、利润表和现金流量表都有密切的联系。因此，业务员要做好销售部工作与财务部工作的衔接，就需要了解财务基础知识。

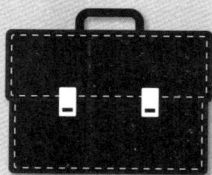

第 **2** 章

正确填开和使用票据

无论是哪种类型的企业，其业务员在日常工作中或多或少都会遇到填开票据或者使用票据的情况。而票据的正确填开及使用将直接影响企业财会人员的做账工作，因此，业务员很有必要了解在平时工作中如何正确填开票据和使用票据。

熟知企业可以填开哪些票据

无论是什么类型的企业，其可以填开的票包括两大类：一是收据，只作为收到款项的证明，不能作为财会人员填制记账凭证的依据；二是发票，既可以证明经济业务或事项发生了，也可以作为会计核算的原始凭证，但它不能作为款项是否收付的证明。

对于收据来说，只要一家企业的经营状态正常，就可以对外或对内开具收据，证明企业已经收到款项。但对于发票来说，不同类型的企业，其可以开具的发票类型是不同的。这里主要介绍几种类型企业可以开具的发票种类，见表2-1。

表2-1   不同类型的企业可以开具的发票种类

企业类型	可以开具的发票种类
生产性企业	1. 销售主营产品、其他物料和固定资产等，开具增值税专用发票或者增值税普通发票 2. 向农民直接购买农产品，开具农产品收购发票
机动车零售企业	在销售机动车（不包括销售旧机动车）收取款项时，开具机动车销售统一发票
二手车销售企业	主要指二手车经销企业、经纪机构和拍卖企业等。在销售、中介和拍卖二手车收取款项时，通过开票软件开具二手车销售统一发票
货物运输业企业	一般纳税人提供货物运输服务（暂不包括铁路运输服务）时，开具增值税专用发票或者增值税普通发票
商品流通企业	销售主营产品或其他产品时，开具增值税专用发票或者增值税普通发票
服务型企业	对外提供服务时，开具增值税专用发票或者增值税普通发票

在原发票管理办法下，增值税一般纳税人既可以开具增值税专用发票，也可以开具增值税普通发票；而小规模纳税人就只能开具增值税普通发票，确实因对方要求而需要开具增值税专用发票的，小规模纳税人只能向主管税务机关申请代开，或者找有代开增值税专用发票资格的机构或个人代开，自己是不能自行开具增值税专用发票的。

自 2020 年 2 月开始实行的新发票管理办法，小规模纳税人也可自行开具增值税专用发票了。但要注意，这并不代表小规模纳税人可以进行增值税进项抵扣。

认识不同种类的发票的联次信息

虽然不同种类的发票的票面样式有很大的区别，联次的数量也有差异，但同一种发票的各联次之间的票面样式是相似的，只不过各联次的作用不同。下面就来看看不同种类发票的各联次详细信息。

（1）增值税专用发票

增值税专用发票由国家税务总局监制设计印制，有三联和六联两种类型（如果有存根联，则分别对应四联和七联）。实务中常用的是三联式的，即只有记账联、抵扣联和发票联这三个基础联次。各联次的作用见表 2-2。

表 2-2　增值税专用发票各联次的作用

联　　次	名　　称	作　　用
第一联	记账联	作为销售方核算销售收入和增值税销项税额的记账凭证
第二联	抵扣联	作为购买方报送主管税务机关认证、抵扣进项税额和留存备查的凭证

续表

联　　次	名　　称	作　　用
第三联	发票联	作为购买方核算采购成本和增值税进项税额的记账凭证
其他联	副联	具体用途可由纳税人自行确定
	存根联	由销货方留存备查

增值税专用发票的规格为 240 mm × 140 mm，每个联次之间只有票面右侧联次栏有差异，票面主体部分是相同的，如图 2-1 所示。

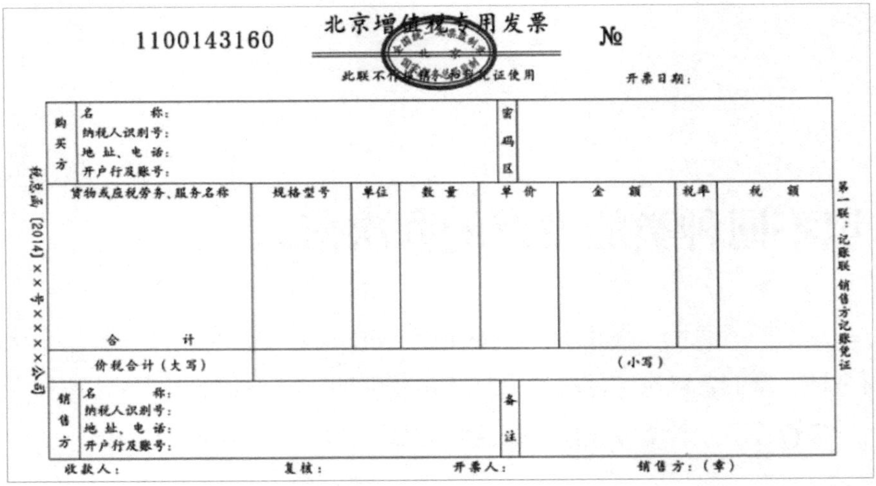
1100143160　北京增值税专用发票　№

此联不作报销、扣税凭证使用　开票日期：

购买方	名　　称： 纳税人识别号： 地 址、电 话： 开户行及账号：			密码区			
货物或应税劳务、服务名称	规格型号	单位	数　量	单　价	金　　额	税率	税　　额
合　　计							
价税合计（大写）				（小写）			
销售方	名　　称： 纳税人识别号： 地 址、电 话： 开户行及账号：			备注			

收款人：　复核：　开票人：　销售方：（章）

税总函〔2014〕××号××××公司

第一联：记账联　销售方记账凭证

图 2-1　增值税专用发票票样

（2）增值税普通发票

增值税普通发票的格式、字体、栏次和内容等与增值税专用发票完全一致，只是发票的名称不同。它同样实行统一印制，与常见的增值税专用发票相比，少了抵扣联，因此有两联和五联这两类，且基本联次就只有记账联和发票联，常用的就是两联式。该类发票各联次的作用与增值税发票只有一点不同，那就是发票联是作为购买方核算采购成本和扣税的凭证。增值税普通发票的规格与增值税专用发票一样，票面样式如图 2-2 所示。

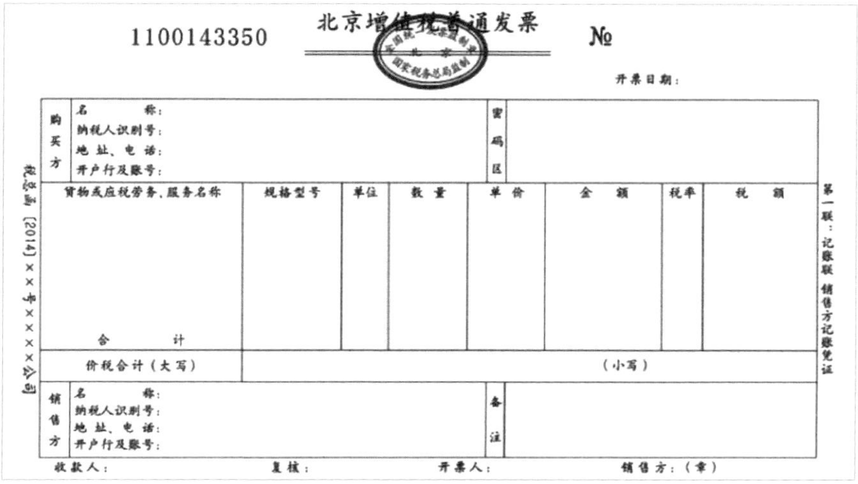
1100143350
北京增值税普通发票
№
开票日期：
购买方 名　称： 纳税人识别号： 地址、电话： 开户行及账号：
密码区
货物或应税劳务、服务名称 | 规格型号 | 单位 | 数量 | 单价 | 金额 | 税率 | 税额
合　计
价税合计（大写）（小写）
销售方 名　称： 纳税人识别号： 地址、电话： 开户行及账号：
备注
收款人：　复核：　开票人：　销售方：（章）
税总函〔2014〕××号××××公司
第一联：记账联　销售方记账凭证

图 2-2　增值税普通发票票样

（3）增值税电子普通发票

增值税电子普通发票一般由纳税人使用增值税电子发票系统开具，其法律效力、基本用途和基本使用规定等与税务机关监制的增值税普通发票相同。通常，电子发票没有联次之说，就只有一页，票样如图 2-3 所示。

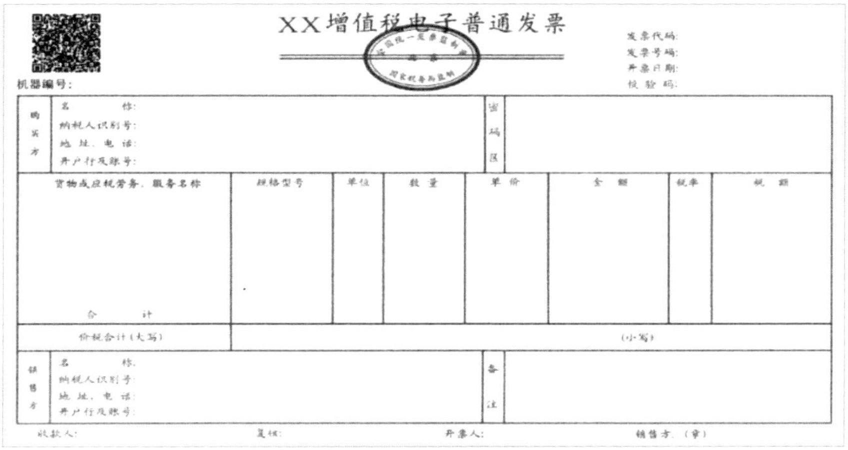
XX增值税电子普通发票
发票代码：
发票号码：
开票日期：
校验码：
机器编号：
购买方 名　称： 纳税人识别号： 地址、电话： 开户行及账号：
密码区
货物或应税劳务、服务名称 | 规格型号 | 单位 | 数量 | 单价 | 金额 | 税率 | 税额
合　计
价税合计（大写）（小写）
销售方 名　称： 纳税人识别号： 地址、电话： 开户行及账号：
备注
收款人：　复核：　开票人：　销售方：（章）

图 2-3　增值税电子普通发票票样

（4）增值税电子普通发票（通行费）

增值税电子普通发票（通行费）是一类专门用于公路收费的发票，又可称为收费公路通行费增值税电子普通发票或者通行费电子发票。其存在的意义是推进物流业降本增效、提升收费公路服务水平。很显然，该类发票也没有联次之分，票样如图 2-4 所示。

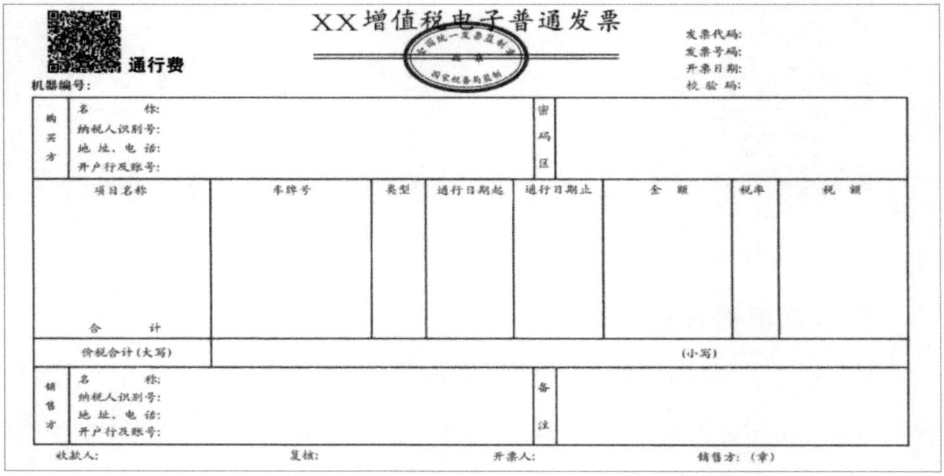

XX增值税电子普通发票

通行费

机器编号：

发票代码：
发票号码：
开票日期：
校 验 码：

购买方	名　　称： 纳税人识别号： 地 址、电 话： 开户行及账号：	密码区	

项目名称	车牌号	类型	通行日期起	通行日期止	金　额	税率	税　额
合　　计							
价税合计（大写）				（小写）			

销售方	名　　称： 纳税人识别号： 地 址、电 话： 开户行及账号：	备注	

收款人：　　复核：　　开票人：　　销售方：（章）

图 2-4　增值税电子普通发票（通行费）

（5）增值税普通发票（卷票）

增值税普通发票（卷票）是定长发票，即长度固定为 177.8 mm，而宽度有 76 mm 和 57 mm 两种。该类发票只有单联一种类型，其基本联次只有一联，即发票联，发票上印制的基本内容包括发票名称、发票监制章、发票联、发票代码、发票号码、黑标定位符和二维码等。

其中，发票印制二维码中包含发票代码和发票号码信息，可用于发票查验时的快速扫描录入。增值税普通发票（卷票）重点在生活性服务业纳税人中推广使用，实际工作中由纳税人自愿选择使用。图 2-5 所示是增值税普通发票（卷票）的两种票样。

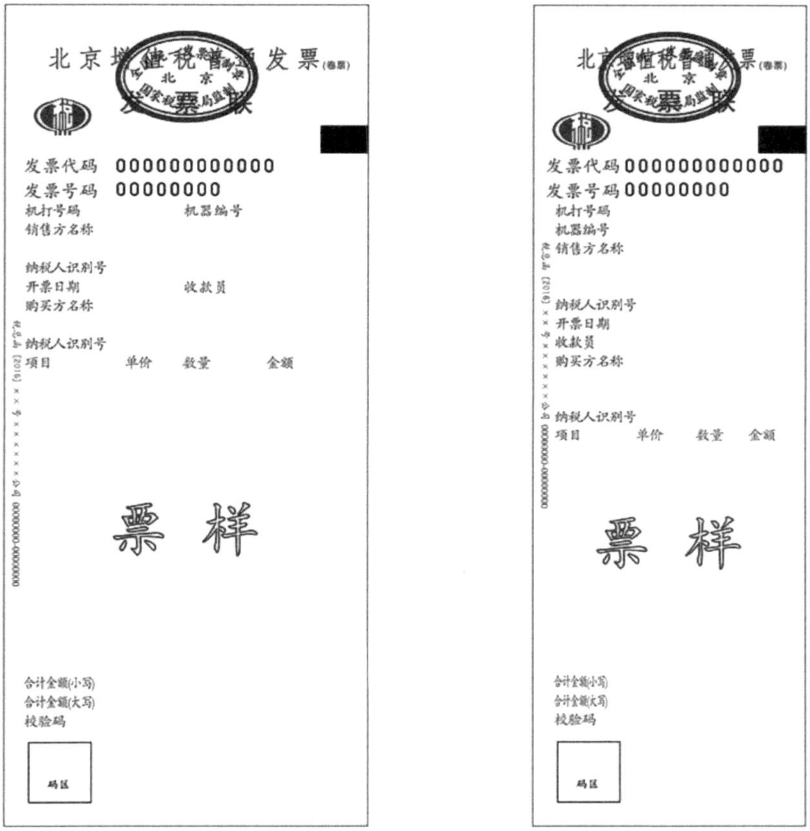

图 2-5　增值税普通发票（卷票）票样

（6）机动车销售统一发票

机动车销售统一发票由税务机关统一印制，是电脑六联式发票。每一联次都有其特定的作用，见表 2-3。

表 2-3　机动车销售统一发票各联次的作用

联　次	名　称	作　用
第一联	发票联	作为购货单位的付款凭证
第二联	抵扣联	作为购买单位的扣税凭证

续表

联　次	名　称	作　用
第三联	报税联	由车辆购置税征收单位留存的凭证
第四联	注册登记联	由车辆登记管理单位留存的凭证
第五联	记账联	作为销货单位的记账凭证
第六联	存根联	由销货单位留存的凭证

机动车销售统一发票的规格为 241 mm × 177 mm，每个联次之间只有票面右侧联次栏有差异，票面主体部分是相同的，如图 2-6 所示。

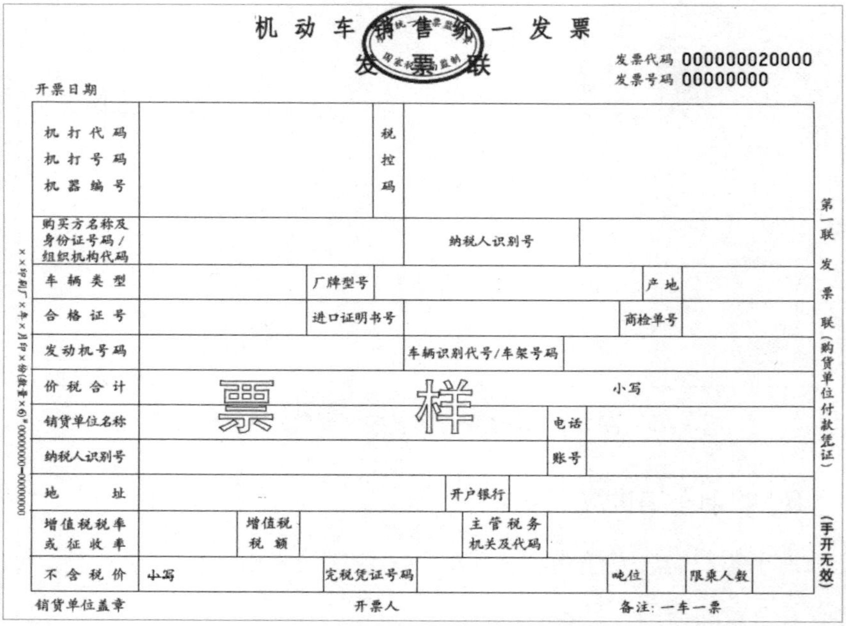
机动车销售统一发票
发票联
发票代码 000000020000
发票号码 00000000
开票日期
××印刷厂×年×月印×份(套章×6)"00000000—00000000

机打代码 机打号码 机器编号		税控码				
购买方名称及身份证号码/组织机构代码		纳税人识别号				
车辆类型		厂牌型号		产地		
合格证号		进口证明书号		商检单号		
发动机号码		车辆识别代号/车架号码				
价税合计		小写				
销货单位名称		电话				
纳税人识别号		账号				
地址		开户银行				
增值税税率或征收率		增值税税额		主管税务机关及代码		
不含税价	小写	完税凭证号码		吨位		限乘人数

销货单位盖章　开票人　备注：一车一票

第一联 发票联（购货单位付款凭证）（手开无效）

票样

图 2-6　机动车销售统一发票票样

（7）二手车销售统一发票

二手车销售统一发票的票样实际上与机动车销售统一发票的票样相似，它是一式五联计算机票，也就是说每个联次的票面主体内容是一样的。只是每个联次的作用和票面右侧联次栏内容不同。表 2-4 所示是二手车销售统一发票的各联次的作用说明。

表 2-4　二手车销售统一发票各联次作用

联　次	名　称	作　用
第一联	发票联	作为购货单位的付款凭证
第二联	转移登记联	由公安车辆管理部门留存的凭证
第三联	出入库联	由销货单位留存的凭证
第四联	记账联	作为销货单位的记账凭证
第五联	存根联	由销货单位留存的凭证

二手车销售统一发票的规格为 241 mm × 178 mm，与机动车销售统一发票的规格有一点点差异，票样如图 2-7 所示。

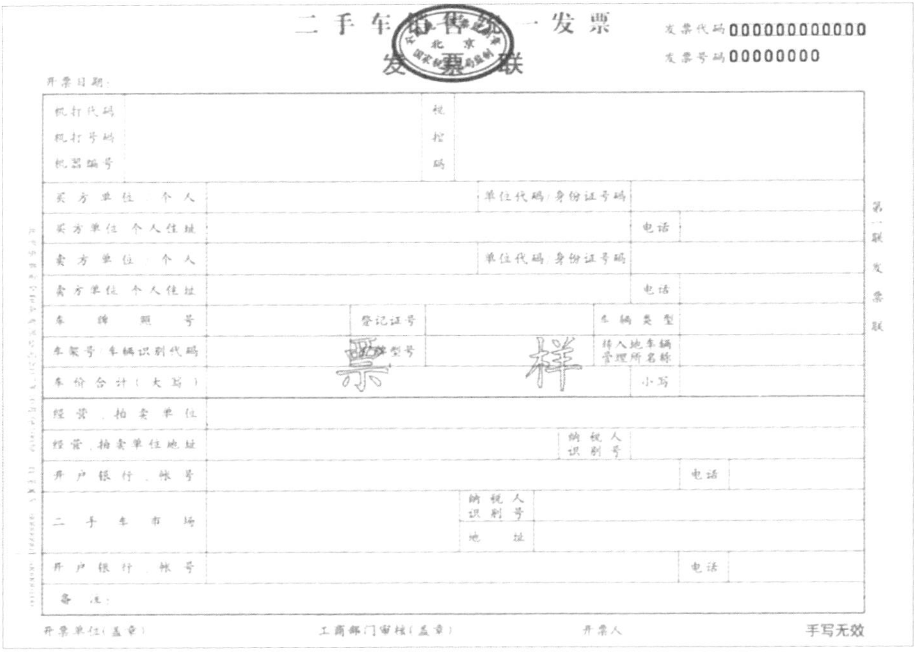
二手车销售统一发票
发票联
发票代码 000000000000
发票号码 00000000
开票日期：
机打代码
机打号码
机器编号
税控码
买方单位/个人
单位代码/身份证号码
买方单位/个人住址
电话
卖方单位/个人
单位代码/身份证号码
卖方单位/个人住址
电话
车牌照号
登记证号
车辆类型
车架号/车辆识别代码
厂牌型号
转入地车辆管理所名称
车价合计（大写）
小写
经营、拍卖单位
经营、拍卖单位地址
纳税人识别号
开户银行、帐号
电话
二手车市场
纳税人识别号
地址
开户银行、帐号
电话
备注：
开票单位（盖章）
工商部门审核（盖章）
开票人
手写无效
第一联 发票联
票样

图 2-7　二手车销售统一发票

填开票据的流程是什么

广义上，票据包括各种有价证券和凭证，如股票、企业债券、发票、提单和收据等；狭义上，票据就是我国《中华人民共和国票据法》（以下简称《票据法》）中规定的汇票、银行本票、支票和发票等。

不同的票据，其开具流程显然是不同的，但大致流程是相似的，如图2-8所示。

正确填写抬头

基本上所有类型的票据都有其特定的抬头，如发票的抬头是开票日期、发票代码、发票号码和购货方名称等；汇票的抬头是出票日期、票据编号和出票人名称等。在填写各种票据的具体内容前，先要准确填写这些抬头信息。

如实填写内容

不同类型的票据，其票面主体内容肯定是不同的。但无论是什么内容，业务员都要知道，开具单的人都要根据企业的实际情况和经济业务或事项的实际情况如实填写。比如发票需要填写的主体内容有购销双方的基本信息、货物名称、业务摘要、单价、数量、金额、税率（或征收率）、税额、合计金额大小写等。汇票需要填写的主体内容有出票人账号和付款银行全称、收款人账号和开户行、汇票金额大小写、汇票到期日和承兑等。

盖章并审核

无论是哪一类票据，为了明确经济责任，在票据内容填写完毕后，相关责任人都要签字或盖章。然后还要交给有关领导审核，通过以后才能交付或使用。

交付使用

将通过领导审核的票据交给使用人或者经办人，然后再将票据交给客户或者单位内部的使用人。

图 2-8　企业票据的一般开票流程

如何确定该填开什么样的票据

"票"的范围很广，不仅局限于发票、汇票等。业务员要知道，不是所有的票都由财务部门开出，有些票由责任部门中的责任人开具。而且，在不同的经济活动或业务中，所要开具的票也是不同的。表 2-5 是一些常见情形对应的需要开具的票据。

表 2-5　常见情形下需开具的票据

情　　形	需开具的票据
采购货物，货物入库	仓管部人员开具入库单
向在同一票据交换区域内的供应商采购货物，用票据结算的	由采购方企业向其开户银行申请开具银行本票，或者开具支票，也可开具银行汇票或者商业汇票
向不在同一票据交换区域的供应商采购货物，用票据结算的	由采购方向其开户银行申请开具支票、银行汇票或者银行承兑汇票，也可自行开具商业承兑汇票
企业直接向农民采购农产品	向农民开具农产品收购发票和收据
领取材料用于生产活动	1. 生产部门领料人填写领料单 2. 仓管部门人员开具出库单
销售商品	1. 仓管部人员开具出库单 2. 财会人员开具增值税专用发票或增值税普通发票
销售机动车	营业部开具机动车销售统一发票
销售二手车	销货方开具二手车销售统一发票
零售商品	销货方开具收据

可以简单地概括为，当涉及纳税义务时，就需要开具发票；而不涉及纳税义务时，开具其他原始单据来证明责任或者经济行为的发生，比如作为收

款或付款的证明、入库或出库的证明等。其中尤其需要业务员注意的是，收据不能代替增值税发票使用，即向客户售出商品或提供劳务后，不能只是在收到客户的货款时向其开具收据就行了，而是必须在售出商品或提供劳务时向客户开具增值税发票。

票据的填开有哪些基本要求

不同的票据，填开的要求肯定是不同的，但一些基本要求是相通的，业务员可以了解这些基本要求，为工作中可能涉及的票据填开事宜做好充分的准备。票据填开时的基本要求见表2-6。

表2-6　票据填开的基本要求

方　面	要　求
内容	填开票据时，内容要真实、可靠且完整
书写	书写要清楚、规范，文字和数字的书写要严格按照要求进行 1. 文字要简明扼要，字迹要清楚且易于辨认；不得使用未经国务院公布的简化汉字 2. 阿拉伯数字应逐个书写，不得写连笔字，尤其是小写金额
金额	1. 票据上的大小写金额必须一致，不一致的，票据无效 2. 小写金额前要填写人民币符号"￥"，且与阿拉伯数字之间不得留有空白；金额数字一律填写到角、分；无角分的，写"00"或符号"－"；有角无分的，分位写"0"，此时分位不得用符号"－"表示 3. 大写金额前一般印有"人民币"字样，若没有印，需手动加写"人民币"3个字，且与大写金额之间不留有空白；大写金额到元或角为止的，后面应写"整"或"正"字，有分的，不写；大写金额用壹、贰、叁、肆、伍、陆、柒、捌、玖、拾、佰、仟、万、亿、元、角、分、零、整等 　比如小写金额为"￥2 020.00"，则大写金额应写成"贰仟零贰拾元整"；小写金额为"￥2 020.03"，则大写金额应写成"贰仟零贰拾元零叁分"

续表

方　面	要　求
手续	票据的填开手续要完备。单位自制的凭证、票据等，必须有经办单位相关负责人的签名盖章；对外开出的凭证、单据等，必须加盖本单位公章或财务专用章
修改	票据不得涂改、挖补和刮擦。票据有错误的，应重新开具，不得在原始票据上更正；如果确实只需在票据上更正的，应在更正处加盖单位印章
时间	票据的填写一定要及时，并按照规定的程序及时送交会计机构审核
当事人	票据上记载的经济活动或业务涉及的当事人，均应写全称，不能简化
附件	有附件的票据，必须填明附件的张数，将附件附在票据背后，或者进行统一的保管

任何类型的票据，除了要按照表2-6所示的基本要求进行填开，还需要根据各类型的票据特点和独有的填开要求进行填开。票据的填开工作不能马虎，因为它们是财会人员做账、记账、登账和编制报表的最原始凭证。

开具的票据中可能存在哪些错误

人无完人，开票时出现错误是难免的，即使是在计算机中录入数据，然后生成机打发票，在录入数据时也可能出错。因此，为了加强各部门人员对开票的正确意识，只从正面学习填开要求还不够，还需要从反面了解开票时可能出现的错误入手，巩固记忆，提高正确开票的意识。

日常工作中，开票时的细节有很多需要注意。对照上一节内容，我们可以总结出表2-7所示的开票中可能出现的错误。

表 2-7　开具票据时可能存在的错误

方　面	具体错误
内容不完整	比如发票没有填写购货方的名称或者账号，没有填写合计金额，没有填写摘要等；又比如领料单上没有填明领料人姓名，出库单中没有写明产品的批别或者型号等
文字难辨	文字书写过于潦草，使用者无法辨认文字。这也不算错误，只是票据的填开不规范
数字不规范	票据上的阿拉伯数字连写，造成辨认困难，这是填开不规范，不属于填开错误
金额书写不规范或书写错误	1. 同一张票据上的大小写金额不一致 2. 小写金额前没有人民币符号"￥"，大写金额前也没有"人民币"字样；有符号或者有"人民币"3 个字，但符号与阿拉伯数字之间、"人民币"3 个字与大写金额之间留有空隙 3. 小写金额有分位时，分位错用"-"表示 4. 大写金额只到元或角为止的，没有在后面写"整"或"正"字 5. 小写金额书写错误，导致大写金额也书写错误。这一金额错误包括两个方面，一是手误写错，计算结果没有错误；二是计算错误导致书写错误
印章不齐全	按照票据填开的流程办事，就需要相关负责人签字盖章，如果有一位负责人没有签字盖章，则票据填开错误
票据上有污点	由于填开票据的人粗心，第一次填写时内容填写错误，然后直接在原来的票据上进行涂改、挖补，甚至刮擦，使票面有污点
票据更正处未加盖单位印章	票据填开人按照票据更正要求在原来的票据上对填开错误的部分进行更正后，没有加盖单位印章，票据无效
票据涉及的当事人不明确	填开票据时没有填写当事人的全称或全名，而以简化的名称或名字代替，使票据的保管价值降低
附件	1. 票据上记录的附件张数与所附的实际附件张数不一致 2. 票据所附的附件与票据的内容不相关，即附件错误 3. 所附的附件有破损，信息不完整 4. 使用粘贴单统一保管附件的，粘贴单的使用错误，比如附件的粘贴手法、粘贴位置错误 5. 票据的附件与其他票据的附件相关联的，没有在票据上标注说明

薛某是一家公司的销售部业务员，一天，财务部同事交给他一张填开好了的增值税专用发票，让其帮忙交给某客户，这张增值税专用发票如图 2-9 所示。已知其所在的公司为增值税一般纳税人，适用增值税税率为 13%，看看这张增值税专用发票的填开是否有误。

四川增值税专用发票								
发 票 联					开票日期：2020年6月12日			
购买方	名称：××建筑公司 纳税人识别号：××××× 地址、电话：××××× 开户行及账号：××××××	密码区						附件
货物或应税劳务、服务名称	规格型号	单位	数量	单价	金额	税率	税额	1 张
螺纹钢		T	20	4 760.00	95 200.00	16%	15 232.00	
价税合计（大写）	壹拾壹万零肆佰叁拾贰元整				（小写）110 432.00			
销售方	名称：甲建材 纳税人识别号：×××××× 地址、电话：×××××× 开户行及账号：××××××	备注						
复核：××		开票人：××				销售方：甲公司		

图 2-9　填开内容有误的增值税专用发票

首先，看该发票中的内容项目，确定已经全部填写完整。

其次，看内容填写是否有误。经检查，购买方信息填写正确，数量、单价和金额也正确，但是税率适用错误，导致税额计算错误，进而导致大小写金额填错。正确的税率为 13%，税额为 12 376.00 元（95 200.00×13%），合计金额为 107 576.00 元（95 200.00+12 376.00），大写金额应写成"壹拾万柒仟伍佰柒拾陆元整"。

再次，看附件张数正确，所附附件正确无误；销售方信息填写正确。

由于该项经济业务没有特别需要说明的情况，因此"备注"栏不需要填写。

最后，查看各责任人的签名盖章，发现其中的销售方只填写了本公司的简化名字，应写成"甲建材有限公司"。正确的发票填写如图 2-10 所示。

四川增值税专用发票								
发　票　联					开票日期：2020年6月12日			
购买方	名称：　××建筑公司 纳税人识别号：××××× 地址、电话：××××× 开户行及账号：××××××			密码区				附件 1 张
货物或应税劳务、服务名称	规格型号	单位	数量	单价	金额	税率	税额	
螺纹钢		T	20	4 760.00	95 200.00	13%	12 376.00	
价税合计（大写）	壹拾万柒仟伍佰柒拾陆元整				（小写）107 576.00			
销售方	名称：甲建材有限公司 纳税人识别号：××××× 地址、电话：××××× 开户行及账号：××××××			备注				
复核：××		开票人：　××				销售方：甲建材有限公司		

图 2-10　内容填写正确的发票

认识发票以外的其他常见票据的样式

在本章前面的小节中我们认识了多种多样的增值税发票样式，也知道了工作中涉及的票据不仅仅只是发票。那么其他票据到底长什么样呢？业务员也应该有一定的认识和了解。

（1）收据

收据是企事业单位在经济活动中使用的重要原始凭证，是一种收付款凭证。一般来说，没有发票的场合都应该使用收据。但业务员们要明白，收据与我们日常工作中所称的"白条"性质不同，收据能否入账，要看收据的种类和使用范围。

收据可分为内部收据和外部收据。内部收据是单位内部自制的凭据，用于单位内部材料的调拨、收取员工押金和退还多余出差借款等，这些情况下产生的收据所记载的金额可作为成本费用入账。外部收据主要有税务部门监制、财务部门监制和部队收据这 3 种。通常，企业之间发生业务往来且收款方在收款后不需要纳税的，收款方就可以开具税务部门监制的收据；行政事业单位发生的行政事业性收费可以用财政部门监制的收据等。图 2-11 是企业日常经营活动中常见的收据样式。

收　据　　No7005121

日期：　　年　　月　　日

收　到＿＿＿＿＿＿＿＿

备注：＿＿＿＿＿＿＿＿

金额（大写）　拾　万　仟　佰　拾　元　角　分　（小写）￥＿＿＿

附　注：

发据单位盖章　　会计　　出纳　　经手人

①存根（白）　②收据（红）　③记账（黄）

图 2-11　收据

（2）入库单和出库单

入库单是确认采购实物入库数量的单据，可有效监控采购人员的行为，防止其与供应商串通舞弊。入库单通常是一式三联，第一联为仓库记账联，第二联作为财务记账联，第三联留存备查。常见样式如图 2-12 所示。

入　库　单　　No2016123

单位：　　年　　月　　日

编号	名称	规格	单位	数量	单价	金额	备注
金额（大写）	拾　万　仟　佰　拾　元　零　角　分　（小写）￥						

主管：　　仓库：　　记账：　　经手人：

①存根（白）　②记账（红）　③结算（黄）

图 2-12　入库单

出库单是存货出库的凭证，也是商家之间互相调货的凭证。它一式多份，有需买家、卖家分别持有的联次，以及存根联和证明交易支付的联次等。出库单与入库单的格式相差不大，在实际运用过程中，它与入库单是配套的，这样便于以后对账、收款。图 2-13 是常见的出库单样式。

出　库　单

No1016121

单位：　　　　　　　　年　　月　　日

编号	名称	规格	单位	数量	计划单价	金额	备注
金额（大写）	拾　万　仟　佰　拾　元　零　角　分（小写）¥						

主管：　　　　仓库：　　　　记账：　　　　经手人：

①存根（白）②记账（红）③结算（蓝）

图 2-13　出库单

（3）领料单和限额领料单

领料单和限额领料单都是企业自制的原始凭证，都是材料领用和发出的凭证。领料单是一次有效的领料凭证，每领用一次材料，就应填制一张领料单。它一式数联，一联由领料部门领料后留存，一联由仓库发料后留存，一联由仓管部交给财务部门作为记账依据。图 2-14 是简单的领料单样式。

领　料　单

领料部门：　　　　　　　　　　　　发料仓库：

用途：　　　　　　年　月　日　　　　编号：

材料编号	名称	规格	计量单位	请领数量	实发数量	备注

制单：　　　　审核：　　　　领料人：　　　　发料人：

图 2-14　领料单

限额领料单也称“定额领料单”，是一种可以多次使用的累计领料凭证，在一定有效期（最多一个月）内，只要领用材料不超过限额，就可以连续使用该类领料单，适用于经常领用且规定有领用限额的材料。它通常是一式两联，一联送交仓管部据此发料，一联送交领料部门据此领料。图 2-15 是常见的限额领料单样式。

限额领料单

领料部门：　　　　　　　　　　　　　　　　　　　　　　发料仓库：
用途：　　　　　　　　　　　　年　　月　　日　　　　　　编号：

材料编号	名称	规格	计量单位	计划单价	领用限额	全月实额	
						数量	金额
领用日期	请领数量	实发数量		领料人签章	发料人签章	限额结余数量	

供应部门负责人：　　　　　　　领料部门负责人：　　　　　　　仓库负责人：

图 2-15　限额领料单

（4）借款单和费用报销单

借款单也称"借支单"，具有借款合同的性质，但不是合同，只是单据，只有一联。通常是企业内部员工事先借支款项来办理有关业务所需填制的一种原始凭证，常见样式如图 2-16 所示。

借　款　单

No3001151

日期：　　　　年　　　月　　　日

部　　　门		姓名	
借款事由			
借款金额	（大写）　　拾　万　仟　佰　拾　元　角　分		
预计还款报销日期			￥
审批意见		借款人	
			年 月 日

发据单位盖章　　　　　　　会计：　　　　　　　出纳：

①存根（白）②收据（红）③记账（蓝）

图 2-16　借款单

费用报销单是用来报销费用的原始凭证，同样只有一联。业务员要牢记，无论是先借款再报销，还是先垫付然后报销，报销时都需要填制费用报销单。图 2-17 是常见的费用报销单样式。

费用报销单 No.4001141

| 报销部门： | 日期：年 月 日 | 单据及附件共＿＿页 |

报销项目	摘　　要	金额 十 万 千 百 十 元 角 分	备注 领导审批
	合　　计		

| 金额大写： 拾 万 仟 佰 拾 元 角 分 | 原借款： 元 | 应退（补）款： 元 |
| 发据单位盖章 | 会计 | 出纳 | 报销人 |

图 2-17　费用报销单

（5）差旅费报销单

差旅费报销单是企业费用报销单中的一种特殊的报销单，专门用于员工出差回公司后报销使用。该类报销单中会详细记录出差人员出差地点、每个地点停留的时间、出差事由、各种补贴标准、各种票据的报销张数和金额等信息。图 2-18 是较常见的差旅费报销单样式。

差旅费报销单

报销部门：												年 月 日
姓名			职别			出差事由						
出差地点	日　期	区间	人数	天数	其中：途中天数	市内/市外	补贴项目	人数	天数	标准	金额	
	月 日-月 日						伙食补贴					
	月 日-月 日	-					交通费补贴					
	月 日-月 日						司机出车补贴					
	月 日-月 日						未卧补贴					
	月 日-月 日						小计					

项目	报销数		审核数		说明：
	单据张数	报销金额	单据张数	审核金额	
住宿费					
车船票					主（分）管领导审批：
飞机票					
小计					

| 合计金额大写： | | 合计金额小写： |
| 单位盖章 | 会计 | 出纳 | 报销人 |

图 2-18　差旅费报销单

票据的盖章要正确

对企业来说，不同的印章有不同的作用和用途，而且不同的印章其形状也不同。经营管理过程中必须准确加盖印章才能使相关票据有效。下面通过表 2-8 所示的内容来系统学习各类印章。

表 2-8　不同印章的作用

类　型	形　状	用　途
公章	一般为圆形	主要用于公司对外事务的办理，如以公司名义发出信函、公文、合同、介绍信、证明或其他公司材料，也可用于签订合同。一般由董事长或总经理保管
法定代表人章	一般为方形	主要用于公司有关决议和银行有关事务办理，或者在注册公司、企业基本户开户和支票背书等情况下使用。一般由法定代表人自己保管，有时也交由公司财务部门出纳人员保管
财务专用章	正方形 圆形 椭圆形	是企业对外使用、需要备案的章，概括地说是企业与银行打交道时使用的章，用于单位或集团有关财务票据、支票等的开具，包括内外部的现金、银行收付业务，以及其他外部业务，如工商部门备案等。一般由企业的财会人员管理，如财务主管或出纳等
合同专用章	圆形 椭圆形	通常在企业签订合同时使用，一般由企业法务人员、合作律师或行政部门保管。若企业处于初创期，则可直接用公章签订合同，可减少印章遗失、私用的风险
发票专用章	椭圆形	简单来说就是企业、单位和个体工商户在购买和开具发票时使用，一般在发票的发票联和抵扣联加盖发票专用章。一般由财务部门的发票管理员保管

从表 2-8 可知，企业发生不同性质的经济业务或事项时，需要根据具体

情况加盖相应的印章。印章盖对了，相关票据或证明文件才有效。由于其中很多都涉及企业的业务工作，因此业务员必须牢记这些印章各自的"外貌"和用途。

知识延伸 | 开票后要领导签字才有效

在企业的经营管理过程中，伴随着经济活动或业务的开展，会产生非常多的票据。而各种票据在开具时并不是只要填写完全就能交付或使用，还需要"走流程"。这里的"走流程"包括将填写好的票据交给相关责任人签章，明确经济责任，以示负责；还包括将票据呈给部门领导或者公司领导进行审核或者审批，部门领导或公司领导审核或审批通过并签字或盖章后，票据的填开工作才算是真正完成，而票据才能交付给持有者或者交给使用人。否则，没有经过领导签字同意的票据，最后由开票人自行承担相应的责任。

报账时单据如何粘贴

在市场经济中，很多公司的报销管理制度都对其内部员工的报销工作进行了特定期间的规定，比如以一个月为准。一个月内发生的出差费用、其他帮公司垫付的费用等，均可向公司申请报销，超过一个月，不予报销。

实务中，一些经常出差的业务员，一个月内可能会获取非常多的费用票据，如果每次发生时都向公司申请报销，则会增加公司出纳人员的工作量；但如果员工们在所有单据没有整理的情况下一次性将一个月内需要报销的单据提供给出纳人员，则可能使出纳人员工作出错，不利于公司进行报销工作的管理。因此，为了配合公司定期报销的管理方案，很多公司都启用了"粘贴单"，专门用于汇总粘贴一定时期内的需要进行报销的各类单据。

　　然而实际情况是，粘贴单也不是无限大的。要想使员工申请报销时提供的费用单据整齐、规则、全面地粘贴在"粘贴单"上，必须制定明确的单据粘贴办法，以约束和规范员工们粘贴原始凭证的行为，有利于企业更好地管理凭证。那么，包括业务员在内的企业职工们究竟应该如何利用粘贴单粘贴需要报账的单据呢？内容见表 2-9。

表 2-9　报账时单据的粘贴规则

条　　目	规　　则
1	从原始凭证粘贴单的左上角内侧开始粘贴单据，从左至右、由上往下，逐张平铺粘贴，不能出现鱼鳞式的重叠粘贴，所有票据均不能覆盖其他票据，防止遮盖发票金额和无法精确扫描发票信息的情况出现。被粘贴的原始凭证的尾端不能超出粘贴单范围
2	粘贴原始凭证的方向应该统一，不能前后倒置，更不能混乱粘贴
3	需要在发票上签字的信息，相关责任人必须要在发票的正面签字，且不能遮挡发票上的文字
4	在粘贴票据时，根据票据纸质，按照由硬到软的顺序进行粘贴
5	粘贴票据时，可以置顶粘贴，即票据与原始凭证粘贴单的上端对齐；也可以非置顶粘贴，票据最上端与原始凭证粘贴单的最上端之间留出特定的边距，比如票据距原始凭证粘贴单上边距 3 cm
6	①交通费发票要粘贴在底单上方，按照火车票、机票、登机牌、船票、出租车发票、地铁票和公交车票这样的顺序进行粘贴。出差期间发生的订票手续费、退改签费发票等，粘在与交通费发票相同的粘贴单上，如果空间不够，则粘贴在新的粘贴单上并附在交通费发票粘贴单之后 ②住宿水单如果不是 A4 大小，则粘贴在住宿发票的下面；如果是 A4 大小，则附在住宿发票粘贴单后面 ③餐费发票中的定额发票按照发票金额，由大到小的顺序粘贴；机打发票按照时间先后顺序粘贴 ④本地出租车费用单据按时间先后顺序粘贴，本地公交车费或地铁费单据按照车票金额由大到小粘贴
7	申请报销的人员和出纳人员应复核每张原始凭证粘贴单上的票据金额，如果不清楚，要用黑色笔在票据合计金额的下档或旁边空白处填写合计金额，利于影像识别

续表

条 目	规 则
8	出差多个地点时，以城市为单位，每个城市发生的费用单据按照上述规则进行顺序粘贴
9	每一张原始凭证粘贴单上都应写明所粘贴的发票或单据的总张数
10	最后，要将所有粘贴单用曲别针固定在一起，待审批完成后一起交给收单人

了解了报销单据的粘贴规则，那么粘贴单到底长什么样呢？图 2-19 是某一种粘贴单的样式。

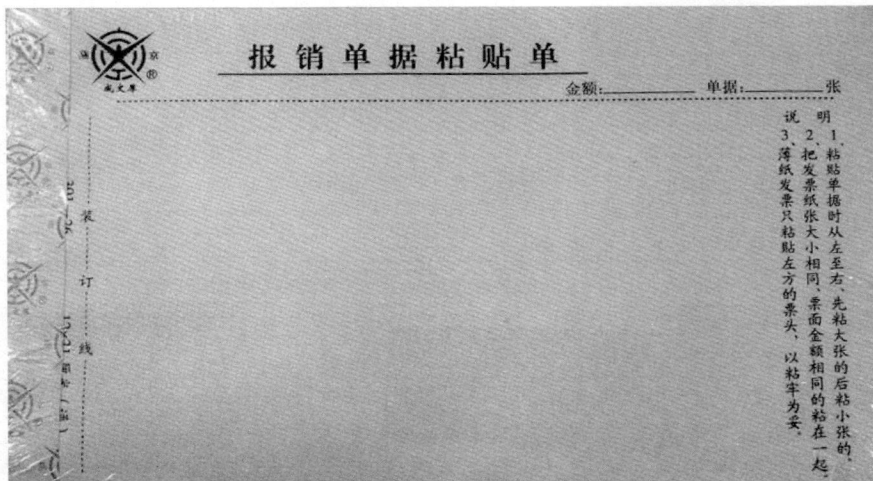

图 2-19　粘贴单

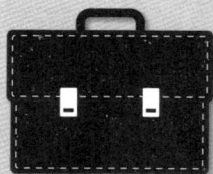

第 **3** 章

认识业务成本
才能做好成本控制

　　所谓的业务成本，对企业来说其实就是与各种经济业务相关的成本和费用开支，比如主营业务成本、其他业务成本、采购价款、销售费用和其他一些期间费用，同时还有经济业务相关的税费支出。系统地学习这些业务成本项目，可有效帮助企业做好成本控制工作。

认清销售费用、管理费用和财务费用

销售费用、管理费用和财务费用统称为"期间费用"，是企业日常活动中发生的不能计入特定核算对象的成本。这些期间费用会影响当期损益，即影响利润。

（1）销售费用

销售费用指企业销售商品或材料、提供劳务等过程中发生的各种费用，与销售业务密切相关，如保险费、包装费、展览费、广告费、业务宣传费、运输费、装卸费、行政管理部门的固定资产折旧费、销售部门职工出差发生的差旅费以及为了销售本企业商品而专设销售机构的职工薪酬、福利费等经营费用。业务员要明确的是，销售商品本身的成本和劳务成本等，不属于销售费用，这两种均应确认为主营业务成本。

财会人员在核算上述销售费用时，要用"销售费用"总账科目进行核算，借方登记销售费用增加数，贷方登记销售费用减少数；同时还要用相应的明细科目进行销售费用的明细核算，发生时直接借记"销售费用——××费"科目，贷记"银行存款"或"库存现金"科目。

如果是核算销售机构的职工薪酬及福利费等成本、费用，则应在计提应支付的职工薪酬时，借记"销售费用——工资"科目，贷记"应付职工薪酬"科目。还要注意的是，期末要将"销售费用"科目的余额结转到"本年利润"科目中，用于核算企业当期实现的利润总额，结转后，当期"销售费用"科目无余额。

（2）管理费用

管理费用一般与企业的管理工作相关，指企业行政管理部门为了组织和管理生产经营活动而发生的各种费用，比如各职能部门发生的办公费、财务部门和行政管理部门的固定资产折旧费、工会经费、职工教育经费、劳动保险费、董事会费、咨询费、诉讼费、业务招待费、办公费、差旅费（行政管理人员的）以及管理人员的工资和福利费等。

管理费用是大多数企业期间费用中包含费用项目最多的，因此其核算工作比较复杂。企业应通过"管理费用"总账科目，核算管理费用的发生和结转情况，借方登记管理费用的增加数，贷方登记管理费用的减少数；同时还应用相应的明细科目进行管理费用的明细核算，发生时直接借记"管理费用——××费"科目，贷记"银行存款"或"库存现金"科目。

如果是核算行政管理部门和财务部门的职工薪酬及福利费等，应在计提应支付的工资时，借记"管理费用——工资"科目，贷记"应付职工薪酬"科目。期末也要将"管理费用"科目的余额结转到"本年利润"科目中，用于核算企业当期实现的利润总额，结转后，当期"管理费用"科目无余额。

（3）财务费用

财务费用指企业为了筹集生产经营用资金而发生的费用，项目主要有利息净支出（利息支出减利息收入后的差额）、汇兑净损失（汇兑损失减汇兑收益的差额）、金融机构手续费以及筹资过程中发生的其他费用。除此以外，企业在销售业务中发生的现金折扣，也要通过"财务费用"科目进行核算。

需要特别注明的是，财务部门固定资产的折旧费以及财务部门职工的工资和福利费等并不确认为财务费用，而是确认为管理费用，账务处理参考管理费用的账务处理。

企业需通过"财务费用"总账科目，核算财务费用的发生和结转情况，借方登记财务费用增加数（利息支出、汇兑损失等），贷方登记财务费用减少数（利息收入、汇兑收益等）；同时，可以用明细科目进行明细核算，发生时直接借记"财务费用——利息支出"或"财务费用——汇兑损失"等科目，贷记"银行存款"科目。

同理，期末时财会人员也要将"财务费用"科目的余额结转到"本年利润"科目中，用于核算企业当期实现的利润总额，结转后，该科目无余额。

了解与成本计算有关的财务术语

在企业生产经营的各个环节，有不同的业务工作，每个环节的业务成本需要用不同的财务术语来表示。常见的术语见表 3-1。

表 3-1　与成本有关的财务术语

业务环节	术　语	解　释
采购业务	材料采购	采用计划成本法核算采购物资的实际入账成本所使用的会计科目
	原材料	采用计划成本法核算采购物资的计划成本所使用的会计科目，或者是采用实际成本法核算采购物资的实际入账成本所使用的会计科目
	在途物资	核算采购物资已经发出但尚未入库时的采购成本
生产业务	生产成本	指企业为了生产产品而发生的成本，包括直接材料费、直接人工工资、制造费用和其他分配进入生产成本的间接费用
	基本生产成本	指基本生产车间发生的生产成本，包括这些车间发生的直接材料、直接人工和制造费用，属于"生产成本"总账科目下辖的明细科目，对生产成本进行明细核算

业务环节	术　语	解　　释
生产业务	辅助生产成本	指企业的辅助生产车间、单位和部门等为基本生产车间提供一定产品和劳务所发生的生产费用的总和，如某些企业内部的供电部门和供水部门为基本生产车间提供供电、供水服务所产生的电费和水费，属于"生产成本"总账科目下辖的明细科目，对生产成本进行明细核算
	制造费用	指企业为了生产产品和提供劳务而发生的各项间接费用，如生产车间发生的水电费、生产车间固定资产折旧费、生产车间管理人员的工资和福利费、生产工人的劳动保护费及国家规定的有关环保费用、季节性和修理期间的停工损失等
销售业务	主营业务成本	指企业销售主营产品、提供主营服务等经营活动发生的成本，一般在确认销售商品、提供劳务等主营业务收入时确认该成本，将已经销售的商品和已经提供的服务的成本从"库存商品"科目转入"主营业务成本"科目
	其他业务成本	指企业销售除主营产品、主营服务外的其他产品或服务等日常经营活动发生的支出，如销售原材料的成本、出租固定资产的折旧额、出租无形资产的摊销额等
其他业务	营业成本	即主营业务成本与其他业务成本之和
	税金及附加	指采购业务和销售业务过程中涉及的各方面税费支出，如消费税、城市维护建设税、土地增值税、城镇土地使用税、房产税、车船税、印花税、环保税、烟叶税、资源税等
	研发费用	指企业研究并开发项目所发生的费用，能够资本化的计入相关资产的入账成本，只能费用化的就计入研发费用
	资产减值损失	指企业的资产可回收金额低于其账面价值而造成的损失，包括固定资产和无形资产的减值损失
	信用减值损失	指企业的应收账款和其他应收款等应收款项发生的所有坏账损失
	营业外支出	指企业发生除经营性活动和日常经营活动外的其他活动或业务时产生的支出，如罚款支出、捐赠支出以及因为自然灾害等非正常原因造成的原材料毁损、固定资产损失和无形资产报废损失等

上述这些与成本计算有关的财务术语，贯穿了每一家企业的整个生产经营流程，是比较常见的术语。其他还有一些不常见的，或者在某些特定行业才有的、与成本计算有关的财务术语，这里不再——介绍。

增值税一定要会算

在商品的流转过程中，一旦产生增值额，纳税人就需要以增值额为计税依据缴纳增值税。增值税采用税款抵扣的方法（适用于增值税一般纳税人）进行计算，即当期增值税应纳税额 = 当期增值税销项税额 − 当期增值税进项税额，业务员需要了解的增值税知识并不只是简单的应纳税额计算。

（1）增值税进项税额

纳税人的身份为增值税一般纳税人时，其增值税税务才有进项税额的说法。如果是小规模纳税人，则没有。增值税进项税额一般发生在企业采购材料、物资，购进修理修配劳务、服务、无形资产或不动产，以及进口等业务和环节中。进项税额实际上不由采购方承担，因为最终认证后的进项税额可抵扣当期的销项税额，使纳税人最终应缴纳的增值税税额≤销项税额。

　　进项税额 = 外购原材料、燃料、动力的价款（不含税）× 适用税率

　　进项税额 = 采购价款（含税）÷（1+ 适用税率）× 适用税率

下面通过一个案例来学习增值税进项税额的算法。

某公司为增值税一般纳税人，适用增值税税率为 13%。6 月总共购进原材料 30.00 万元，不含增值税，收到增值税专用发票，则进项税额有多少？

6 月增值税进项税额 =30.00×13%=3.90（万元）

如果价值 30.00 万元的原材料是含税价，则当月增值税进项税额的计算应按照如下方法进行。

6 月增值税进项税额 = 30.00 ÷ （1+13%）× 13% = 3.45（万元）

（2）增值税销项税额

增值税销项税额指纳税人销售货物或提供应税劳务，按照销售额和规定的税率计算并向购买方收取的增值税税额。一般在企业销售货物、提供劳务、委托加工物资和自产自用产品时会涉及销项税额的计算。

销项税额 = 销售额（不含税）× 适用税率

销项税额 = 销售额（含税）÷（1+ 适用税率）× 适用税率

销项税额 = 组成计税价格 × 适用税率

知识延伸 | 什么是组成计税价格

通俗地说，组成计税价格就是不能像销售额这样直接获取的计税依据，它指按照计税价格应包含的各种因素计算合成的计税依据（即计税价格）。我国绝大部分产品和经济业务都按照实际交易价格计税，但不可避免地会发生一些特殊的交易或事项，使得财会人员只能利用组成计税价格来核算企业应缴纳的增值税税额。

比如，在委托加工物资的交易中，如果没有同类产品销售价格作为参考，则增值税税额需要按照组成计税价格计算。

组成计税价格（非应征消费税货物）= 成本 + 加工费

组成计税价格（应征消费税货物）=（成本 + 加工费）÷（1 - 消费税税率）

又比如，自产自用业务视同销售行为，在该业务中，如果没有同类产品销售价格作为参考，则：

组成计税价格（非应征消费税货物）= 成本 ×（1+ 成本利润率）

组成计税价格（应征消费税货物）= 成本 ×（1+ 成本利润率）÷（1 - 消费税税率）

再比如，在进口环节，无论是增值税一般纳税人，还是小规模纳税人，均需根据组成计税价格计算增值税税额。

组成计税价格（非应征消费税货物）= 关税完税价格 + 关税

组成计税价格（应征消费税货物）= 关税完税价格 + 关税 + 消费税

甲公司为增值税一般纳税人，适用增值税税率为13%。6月售出主营产品共82.00万元，不含增值税，向购买方开具了增值税专用发票，则销项税额有多少？

6月增值税销项税额 =82.00×13%=10.66（万元）

如果价值82.00万元的售出商品是含税价，则当月增值税销项税额的计算应按照如下方法操作。

6月增值税销项税额 =82.00÷（1+13%）×13%=9.43（万元）

如果当月企业还存在自产自用产品的情况，且该产品是非应征消费税产品，所用产品的成本共40.00万元，成本利润率为70%，则：

组成计税价格 =40.00×（1+70%）=68.00（万元）

增值税销项税额 =68.00×13%=8.84（万元）

（3）小规模纳税人计税和简易计税

小规模纳税人计税和简易计税这两种情形下的增值税税额计算是相同的，均没有进项和销项的处理。采购货物、购进修理修配劳务、服务、无形资产或不动产等，均将采购时发生的增值税税额计入采购货物和相关劳务、服务、无形资产或不动产的入账成本中，账务处理上也不会单独核算增值税。

由于采购或购进时增值税税额已经由销售方计入了全部价款，因此不需要采购方自行计算。但是当企业作为销售方对外售出货物、无形资产、不动产，或者提供修理修配劳务、服务时，就需要计算增值税税额，此时计算的增值税税额就是企业当期应缴纳的增值税税额。

应纳税额 = 销售额 × 征收率

销售额 = 含税销售额 ÷（1+ 征收率）

下面通过一个实例来学习这种增值税计税方法。

　　某公司为增值税小规模纳税人，适用增值税征收率为 3%。6 月发生购进货物 45.00 万元（含税），售出商品的含税价款共 90.00 万元。则该公司 6 月增值税应纳税额是多少呢？

　　6 月增值税应纳税额 =90.00 ÷（1+3%）× 3%=2.62（万元）

　　如果该公司为增值税一般纳税人，且适用增值税税率为 13%，则 6 月应缴纳的增值税税额是多少呢？

　　增值税进项税额 =45.00 ÷（1+13%）× 13%=5.18（万元）

　　增值税销项税额 =90.00 ÷（1+13%）× 13%=10.35（万元）

　　6 月增值税应纳税额 =10.35−5.18=5.17（万元）

　　如果是增值税一般纳税人，但采用简易计税办法，则 6 月增值税应纳税额的计算与小规模纳税人的计算相同。

直接成本和间接成本分别有哪些

　　可能很多业务员都不是很清楚企业的直接成本与间接成本有什么区别，甚至不能很明确地划分哪些成本是直接成本，哪些成本是间接成本。然而要想控制好企业的成本开支，正确区分直接成本和间接成本是很有必要的。

（1）直接成本

　　直接成本指成本发生时能直接计入某一成本核算对象中的费用。而某项费用是否属于直接计入成本的情况，取决于该项费用能否确认与某一成本核算对象直接有关以及是否便于直接计入该成本核算对象。公司经营管理过程中，哪些费用开支属于直接成本呢？如图 3-1 所示。

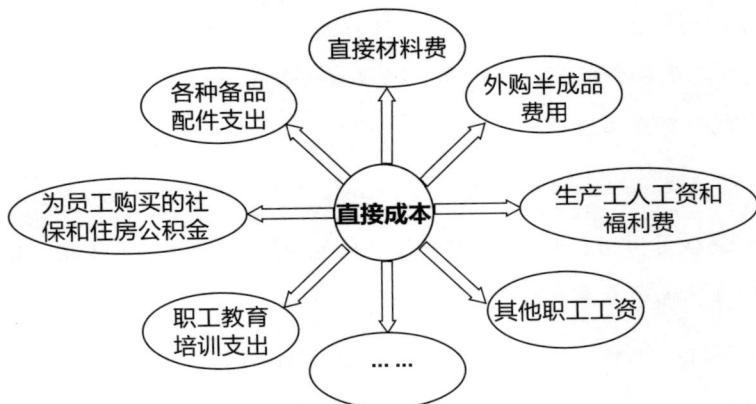

图 3-1　直接成本的项目

业务员要注意，这里所列的直接成本项目与财务部门进行账务处理中的直接成本的认知范畴是不同的。比如在账务处理中，这里除了直接材料费、外购半成品费用、生产工人工资和福利费、生成工人社保和住房公积金、各种备品配件支出等属于直接成本，其他都属于间接成本或费用。

（2）间接成本

间接成本与直接成本相对，指费用的发生不与企业的日常生产经营活动直接相关。注意，这里所说的间接成本也与账务处理中的间接成本的划分有区别。在会计业务中，不能或不便于直接计入某一成本核算对象，而需先按费用发生地点或用途加以归集，再在期末选择一定的分配方法进行分配后才可计入有关成本核算对象的费用，属于间接成本。

那么，这里所说的间接成本包括哪些呢？主要是一些房屋建筑物和机器设备的折旧、租赁费、修理费、机物料消耗，各职能部门发生的水电费、办公费，经营管理过程中发生的利息支出、捐赠支出、罚款支出、资产减值损失、信用减值损失、手续费、咨询费、诉讼费和涉及的税费支出，还有一些可能存在的停工损失等，都属于间接成本。

在确定成本指导价时要综合考虑什么

成本指导价，顾名思义就是在考虑经营成本的基础上确定出的一个指导性价格，可简单地将其类比为我们日常生活中常见的"建议零售价"，更准确的理解是生产厂家在产品出厂时根据市场情况确定的销售价格。

企业在确定成本指导价时，要遵循"成本指导价加价原则"和"成本指导价浮动原则"，除此以外还要考虑其他一些要素。

◆　成本指导价加价原则。

该原则一般适用的是生产性企业购入半成品进行深加工，或者是商品流通企业购入商品后待售等情况。在该原则下，企业确定成本指导价要考虑如下因素。

● 半成品或商品的进价。

● 这些半成品或商品的管理成本，以及继续生产产成品过程中发生的其他管理成本。

● 购进半成品时或者最终销售商品时可能享受的一些优惠政策。

考虑好这些因素后再对成本指导价进行加价处理，使"加价"行为更科学。

◆　成本指导价浮动原则。

很显然，从字面意思就可理解，成本指导价要遵循价格浮动原则，即产品或服务的成本指导价并不是一成不变的，需要根据具体情况上下浮动调整。那么这里所说的"具体情况"就是我们在该原则下确定成本指导价需要考虑的一些因素。

● 财务成本，是财务会计中的一个概念，即资源的不利变化，指财务会计中根据企业一般成本管理要求和国家统一的财务会计制度、成本核算等规定，通过正常的成本核算程序计算出来的企业成本，可以是产品成本，也可以是劳务成本等。

● 要考虑所生产产品或者所购的产品在当前市场中的销售行情，行情的变化决定成本指导价也随之变化。

● 要考虑新的货源和新的销售任务，因为成本指导价在一定程度上会影响产品销量，这与销售任务密切相关，也与销售回款的速度有关。如果成本指导价不考虑这些因素，则可能使企业无法达到新的销售任务，或者无法及时回款并抓住新货源。

◆ 合同控制。

企业要考虑交易条件与合同条款等的审核问题，确保合同内容的确定性，综合买卖双方在交易中的具体诉求，从而更好地制订成本指导价。

◆ 考虑采购成本控制计划。

对于生产性企业来说，原材料和其他生产用物料的采购成本是产品成本的一个重要组成部分，因此确定成本指导价必然需要考虑采购成本。而很多企业都会制订采购成本控制计划，成本指导价就会受到采购成本控制效果的影响。

比如采购成本控制得很好，使产品成本在同行业中处于较低水平，则此时可适当将成本指导价调低；反之，调高。这样既能保证企业从产品中获取丰厚利润，又能让企业的产品在市场中具备竞争优势。

◆ 人力投入。

通过前面章节的学习，我们已经知道了产品成本中包含了生产工人的工资，因此，在确定成本指导价时必然需要考虑人工的投入。

◆　间接费用。

企业经营管理过程中发生的一些间接费用，如水电费、办公费等，也可能随着资金流动，变换形态，最终流入产品成本中，因此确认成本指导价时也不能不考虑这些费用。

关于税费要了解哪些内容

"税费"这一术语其实包含了两个方面的知识，一是税，二是费，两者是不同的。通过本节内容的学习，我们需要知道哪些是税，哪些是费以及税费的征收管理规定等。

（1）税与费

在我国，税有 18 种：增值税、消费税、城市维护建设税、关税、企业所得税、个人所得税、印花税、土地增值税、城镇土地使用税、耕地占用税、车辆购置税、车船税、房产税、契税、资源税、环保税、烟叶税和船舶吨税。

而费常见的有两种：教育费附加和地方教育附加。这两种费是增值税和消费税的附加费，与增值税或消费税同时核算，同时缴纳。

（2）税费的征收管理

税费的征收管理主要包括各种税的纳税义务发生时间的确定、纳税地点的确定以及纳税期限的规定等。下面通过表 3-2 进行系统学习。

表 3-2　各种税费的部分征收管理规定

税　　费	管理方面	征收管理规定
增值税	纳税义务发生时间	1. 采取直接收款方式销售货物的，不论货物是否发出，均为收到销售款或取得索取销售款凭据的当天 2. 采取托收承付和委托银行收款方式销售货物的，为发出货物且办妥托收手续的当天 3. 采取赊销和分期收款方式销售货物的，为书面合同约定的收款日期当天；没有书面合同或书面合同没有约定收款日期的，为货物发出的当天 4. 采取预收货款方式销售货物的，为货物发出当天，但生产销售生产工期超过 12 个月的大型机械设备、船舶和飞机等货物，为收到预收款或书面合同约定的收款日期当天 5. 委托其他纳税人代销货物的，为收到代销单位开具的代销清单或收到全部或部分货款的当天；未收到代销清单和货款的，为发出代销货物满 180 天的当天 6. 纳税人发生视同销售货物行为的，为货物移送当天等
	纳税地点	1. 经营场所固定的纳税人应向其机构所在地主管税务机关申报纳税；总机构与分支机构不在同一县（市）的，应分别向各机构所在地的主管税务机关申报纳税 2. 经营场所固定的纳税人到外县（市）销售货物或劳务的，应向其机构所在地主管税务机关报告外出经营事项并申报纳税 3. 经营场所不固定的纳税人，应向货物或劳务的销售地或发生地主管税务机关申报纳税 4. 纳税人进口货物，应向报关地海关申报纳税等
	纳税期限	1. 固定期限：1 日、3 日、5 日、10 日、15 日、1 个月和 1 个季度（适用于小规模纳税人）等纳税期限。以 1 日、3 日、5 日、10 日或 15 日为一个纳税期的，自期满之日起 5 日内预缴税款，在次月 1 日～ 15 日内申报纳税，并结清上月应纳税款；以 1 个月或 1 个季度为纳税期的，自期满之日起 15 日内申报纳税并缴纳上月应纳税款；进口货物的，应自海关填发进口增值税专用缴款书之日起 15 日内缴纳税款 2. 按次纳税：每发生一次纳税义务，就进行一次纳税申报并缴纳税款

税　费	管理方面	征收管理规定
消费税	纳税义务发生时间	1. 采取赊销和分期收款结算方式的，为书面合同约定的收款日期当天；书面合同没有约定收款日期或无书面合同的，为发出应税消费品当天 2. 采取预收货款结算方式的，为发出应税消费品当天 3. 采取托收承付和委托银行收款方式的，为发出应税消费品并办妥托收手续的当天 4. 采取其他结算方式的，为收讫销售款或取得索取销售款凭据的当天 5. 纳税人自产自用应税消费品的，为移送使用当天 6. 纳税人委托加工应税消费品的，为纳税人提货当天 7. 纳税人进口应税消费品的，为报关进口当天等
	纳税地点	1. 直接销售的，向纳税人机构所在地或居住地主管税务机关申报纳税 2. 委托加工应税消费品的，受托方向机构所在地或居住地主管税务机关解缴消费税税款；若受托方为个人，由委托方向其机构所在地主管税务机关申报纳税 3. 进口应税消费品的，由进口人或其代理人向报关地海关申报纳税等
	纳税期限	相关规定与增值税的相同，这里不再赘述。只是纳税人进口应税消费品时，应自海关填发进口消费税专用缴款书之日起 15 日内缴纳税款
城市维护建设税	纳税义务发生时间	为缴纳增值税、消费税的当天，相应地，扣缴义务发生时间为扣缴增值税、消费税的当天
	纳税地点	1. 经营地固定的：实际缴纳增值税、消费税的地点 2. 经营地不固定的：随增值税、消费税在经营地纳税
	纳税期限	1. 固定期限：按月或按季计征，纳税人应在月度或季度终了之日起 15 日内申报并缴纳税款 2. 按次计征：应在纳税义务发生之日起 15 日内申报并缴纳税款
教育费附加和地方教育附加	—	教育费附加和地方教育附加的纳税义务发生时间、纳税地点以及纳税期限等征收管理规定，均与城市维护建设税相同

税　费	管理方面	征收管理规定
关税	纳税义务发生时间	货物实际进出境时，即纳税人按进出口货物通关规定向海关申报后
	纳税地点	报关的海关
	纳税期限	纳税人在按进出口货物通关规定向海关申报后、海关放行前一次性缴纳关税税款
企业所得税	纳税义务发生时间	理论上来说，只要企业从交易中获取了利润，即发生纳税义务；但实务中为了简化纳税工作，在每个会计期末才申报缴纳
	纳税地点	1. 居民企业：除税收法律、行政法规另有规定外，以企业登记注册地为纳税地点；若登记注册地在境外，则以实际管理机构所在地为纳税地点 2. 非居民企业：①在中国境内设立机构、场所的，为机构、场所所在地；②在中国境内设立两个或两个以上机构、场所的，经税务机关审核批准，选择由其主要机构、场所汇总缴纳企业所得税；③在中国境内未设立机构、场所的，或虽设立机构、场所但取得的所得与其所设机构、场所没有实际联系的，为扣缴义务人所在地
	纳税期限	按年计征、分月或分季预缴，年终汇算清缴，多退少补纳税年度为公历 1 月 1 日起至 12 月 31 日止，但企业在一个纳税年度中间开业或终止经营活动的，应以实际经营期为一个纳税年度；清算时，应以清算期间为一个纳税年度 1. 纳税人应在年度终了之日起 5 个月内向主管税务机关报送年度企业所得税纳税申报表，并汇算清缴，结清应缴、应退税款 2. 按月或按季预缴，从月份或季度终了之日起 15 日内向主管税务机关报送预缴企业所得税纳税申报表，预缴税款 3. 企业在年度中间终止经营活动的，从实际经营终止之日起 60 日内向主管税务机关办理当期企业所得税汇算清缴
个人所得税	纳税义务发生时间	为职工个人取得综合所得，经营所得，利息、股息、红利所得，财产租赁所得，财产转让所得，或偶然所得等时
	纳税地点	职工所在单位的所在地主管税务机关，由单位代扣代缴

续表

税　　费	管理方面	征收管理规定
个人所得税	纳税期限	1. 居民个人取得综合所得：按年计算个人所得税，由扣缴义务人（即就职企业）按月或按次预扣预缴税款；需要办理汇算清缴的，应在取得所得的次年 3 月 1 日至 6 月 30 日内办理 2. 非居民个人取得工资、薪金所得，劳务报酬所得，稿酬所得和特许权使用费所得：由扣缴义务人按月或按次代扣代缴税款，不办理汇算清缴 3. 纳税人取得经营所得：按年计算个人所得税，在月度或季度终了后 15 日内向主管税务机关报送纳税申报表并预缴税款；在取得所得的次年 3 月 31 日前办理汇算清缴 4. 居民个人从中国境外取得所得的：应在取得所得的次年 3 月 1 日至 6 月 30 日内申报纳税 5. 非居民个人在中国境内从两处以上取得工资、薪金所得：应在取得所得的次月 15 日内申报纳税等
印花税	纳税义务发生时间	为纳税人订立、领受应税凭证或完成证券交易的当天
	纳税地点	单位纳税人应向其机构所在地主管税务机关申报缴纳税款；个人纳税人应向应税凭证订立、领受地或者其居住地的主管税务机关申报缴纳税款
	纳税期限	1. 按季或按年计征：纳税人应在季度或年度终了之日起 15 日内申报并缴纳税款 2. 按次计征：纳税人应在纳税义务发生之日起 15 日内申报并缴纳税款 3. 按周解缴：证券交易的扣缴义务人应在每周终了之日起 5 日内申报解缴税款及孳息
土地增值税	纳税义务发生时间	签订房地产转让合同的当天
	纳税地点	房地产所在地主管税务机关
	纳税期限	1. 按次计征：纳税人应在转让房地产合同签订后 7 日内，到房地产所在地主管税务机关办理纳税申报，并在规定期限内缴纳税款

税　费	管理方面	征收管理规定
土地增值税	纳税期限	2.按月或按季定期：纳税人经常发生房地产转让而难以在每次转让后申报的，经税务机关审核同意后，可按月或按季定期进行纳税申报，并在规定期限内缴纳税款
城镇土地使用税	纳税义务发生时间	1.购置新建商品房：从房屋交付使用的次月起缴纳税款 2.购置存量房：从办理房屋权属转移、变更登记手续，房地产权属登记机关签发房屋权属证书的次月起缴纳税款 3.出租、出借房产：从交付出租、出借房产的次月起缴纳税款 4.以出让或转让方式有偿取得土地使用权的：由受让方从合同约定交付土地时间的次月起缴纳税款；合同未约定交付土地时间的，由受让方从合同签订的次月起缴纳税款 5.新征用耕地：从批准征用之日起满一年开始缴纳税款 6.新征用非耕地：从批准征用之日起缴纳税款等
	纳税地点	土地所在地。如果使用的土地不在同一省、直辖市的，分别向土地所在地主管税务机关申报缴纳税款
	纳税期限	按年计算、分期缴纳，具体期限由省、自治区、直辖市人民政府确定
耕地占用税	纳税义务发生时间	收到土地管理部门农用地专用批复文件的当天
	纳税地点	所占用耕地或其他农用地所在地的主管税务机关
	纳税期限	从收到土地管理部门农用地专用批复文件之日起 30 日内申报缴纳税款
车辆购置税	纳税义务发生时间	购买或进口应税车辆的当天
	纳税地点	车辆登记注册地的主管税务机关；若购置的车辆不需要办理登记注册手续，则为纳税人所在地主管税务机关
	纳税期限	实行一次征收制度，税款一次性缴清。纳税人应从购买或进口应税车辆之日起 60 日内向车辆登记注册地主管税务机关或纳税人所在地主管税务机关申报纳税，并在规定期限内缴纳税款

续表

税 费	管理方面	征收管理规定
车船税	纳税义务发生时间	为取得车船所有权或管理权的当月，更具体地说，是车船管理部门核发的车船登记证书或行驶证书记载日期当天
	纳税地点	为车船的登记地或车船税扣缴义务人所在地；不需要办理登记的车船，纳税地点为车船所有人或管理人所在地
	纳税期限	按年申报、分月计算、一次性缴纳，具体纳税期限由省、自治区、直辖市人民政府确定
房产税	纳税义务发生时间	1. 纳税人将原有房产用于生产经营：从生产经营当月起缴纳税款 2. 纳税人自行新建房屋并用于生产经营：从建成的次月起缴纳税款 3. 纳税人委托施工企业建设房屋：从办理验收手续的次月起缴纳税款 4. 纳税人购置新建商品房：从房屋交付使用的次月起缴纳税款 5. 纳税人出租、出借房产：从交付出租、出借本企业房产的次月起缴纳税款等
	纳税地点	房产所在地。房产不在同一地方的纳税人，按照房产坐落地点分别向房产所在地主管税务机关申报纳税
	纳税期限	按年计算、分期缴纳，具体纳税期限由省、自治区、直辖市人民政府确定
契税	纳税义务发生时间	为纳税人签订土地、房屋权属转移合同的当天，或是纳税人取得其他具有土地、房屋权属转移合同性质凭证当天
	纳税地点	土地、房屋所在地主管税务机关
	纳税期限	应从纳税义务发生之日起10日内向土地、房屋所在地主管税务机关申报纳税，并在规定期限内缴纳税款
资源税	纳税义务发生时间	1. 采取分期收款结算方式的：为销售合同规定的收款日期当天 2. 采取预收货款结算方式的：为发出应税产品的当天 3. 采取其他结算方式的：为收讫销售款或取得索取销售款凭据的当天

续表

税　费	管理方面	征收管理规定
资源税	纳税义务发生时间	4. 纳税人自产自用应税资源品目的：为移送使用应税产品当天 5. 扣缴义务人代扣代缴税款的：为支付首笔货款或开具应支付货款凭据当天
	纳税地点	应税产品的开采地或盐生产所在地主管税务机关
	纳税期限	1. 固定期限：1 日、3 日、5 日、10 日、15 日或 1 个月等纳税期限。以 1 日、3 日、5 日、10 日或 15 日为一个纳税期的，从期满之日起 5 日内预缴税款，在次月 1 日~10 日内申报纳税，并结清上月税款。以 1 个月为一个纳税期的，从期满之日起 10 日内申报纳税并结清上月税款 2. 按次缴纳：从纳税义务发生之日起，在规定时间内申报纳税
环保税	纳税义务发生时间	为纳税人排放应税污染物的当天
	纳税地点	应税污染物排放地的主管税务机关
	纳税期限	1. 按月计算、按季申报缴纳：应从季度终了之日起 15 日内向主管税务机关申报纳税并缴纳税款 2. 按次申报：应从纳税义务发生之日起 15 日内向主管税务机关申报纳税并缴纳税款
烟叶税	纳税义务发生时间	为纳税人收购烟叶的当天，具体指纳税人向烟叶销售者付讫收购烟叶款项或开具收购烟叶凭证的当天
	纳税地点	烟叶收购地主管税务机关
	纳税期限	按月计征，应在纳税义务发生月终了之日起 15 日内向主管税务机关申报纳税并缴纳税款
船舶吨税	纳税义务发生时间	为应税船舶进入境内港口的当天
	纳税地点	海关
	纳税期限	从海关填发吨税缴款凭证之日起 15 日内向海关申报纳税并缴清税款

采购合同中的数据与财务的关系

采购合同中会有很多与标的物相关的数据，如产品名称、规格型号、数量、单价和金额等，采购合同将是企业财会人员做账的根据。那么这些数据与财务具体有什么关系呢？

◆ 产品名称、规格型号与账务处理中的明细核算。

企业经营过程中负责采购的业务员会为企业采购各种材料、物资，并在签订的采购合同中详细说明所购材料或物资的信息，尤其是名称和规格型号。为什么呢？因为企业为了更精准地管理存货，会对各种原材料、物资进行明细核算，而具体的名称或是规格型号就很可能是明细核算中涉及的明细科目。

◆ 数量、单价和金额与增值税发票的关联。

采购合同中记录的所购货物的数量、单价和总金额关系着企业采购成本的核算，与收到的增值税发票的票面记录也有密切关系。一般来说，收到的增值税发票上记录的所购货物的数量、单价和金额要与采购合同中的一致。如果不一致，说明采购业务发生了变动或者出了问题，需要财会人员会同采购人员及时检查采购业务的实施情况。

◆ 合同中的金额是否含税会影响发票内容的填写。

采购合同中关于所购货物的金额是否含税，也应说明清楚，避免购销双方因为开具的发票出现异议。比如，采购合同中的货物金额是不含税价款，则增值税发票中的"金额"栏以采购合同中的金额为准填写；如果采购合同中的货物金额是含税价款，则增值税发票中的"金额"栏要以扣除了增值税税额后的金额为准填写。

◆ 合同中金额统一才会被财务认可。

采购合同的主条款中关于货物的金额要与合同附件资料中记载的金额一致，否则财务不予认可，随之就会影响账务处理。所以，订立合同的规范性也关系着财务问题。

◆ 采购合同中规定的结算方式会影响账务处理。

采购合同中一般都会规定购销双方商议好的款项结算方式，以明确双方交易的款项支付手段。而结算方式的不同会影响财会人员的账务处理工作，比如采用预付账款方式采购货物的，在预付账款时不能确认原材料或其他辅助材料的入账成本，而应在收到销售方开具的增值税发票并将材料验收入库后才能确认；如果采用直接付款方式结算，则不存在核算"预付账款"的账务处理，直接在收到发票且材料验收入库后确认采购成本（即材料入账成本）。

◆ 采购活动中的运输费与发票的记录有关。

采购合同中要明确说明采购过程中发生的运输费由购销双方哪一方承担，因为这关系着发票开具时内容的填写。比如规定运输费由销货方承担，或者由购货方自行联络运输车辆并负责承担运输费，则销货方开具的发票中金额只是货物的价款和对应的增值税税额；如果规定运输费由销货方垫付，最终由采购方承担，则发票中还需注明运输费和对应的增值税税额信息。

供应商的选择会影响增值税的缴纳

通常，增值税一般纳税人适用的是 13%、9%、6% 和 0 这 4 档税率，而小规模纳税人适用的是 3% 的征收率。另外，无论小规模纳税人开具的是增值税专用发票还是增值税普通发票，都不能用于抵扣增值税税额。

但如果采购方是增值税一般纳税人，则从供应商处收到的增值税发票，就存在可以抵扣或者不可以抵扣增值税销项税税额的两种情形。由此可见，采购方选择什么类型的供应商是有讲究的。

【例 1】

甲公司为增值税一般纳税人，适用增值税税率为 13%。当月向同为增值税一般纳税人的乙公司采购一批货物，价值 8.00 万元（不含税）。收到乙公司开具的增值税专用发票，注明税率 13%。已知甲公司当月实现不含税销售收入共 20.00 万元，当月收到的增值税专用发票均已认证，则甲公司当月需要缴纳的增值税税款是多少？

可抵扣的增值税进项税额 =8.00×13%=1.04（万元）

增值税销项税额 =20.00×13%=2.60（万元）

当月甲公司应缴纳的增值税税额 =2.60-1.04=1.56（万元）

【例 2】

甲公司为增值税一般纳税人，适用增值税税率为 13%。当月向增值税小规模纳税人乙公司采购一批货物，价值 8.00 万元（不含税）。为了能够抵扣一些增值税进项税额，甲公司要求乙公司开具增值税专用发票，注明税率为 3%。已知甲公司当月实现不含税销售收入共 20.00 万元，当月收到的增值税专用发票均已认证，则甲公司当月需要缴纳的增值税税款是多少？

可抵扣的增值税进项税额 =8.00×3%=0.24（万元）

增值税销项税额 =20.00×13%=2.60（万元）

甲公司当月应缴纳的增值税税额 =2.60-0.24=2.36（万元）

注意，这种情况下的乙公司不能因为开出了增值税专用发票就认为其当月发生的采购业务对应的增值税税额可以抵扣，换句话说，乙公司作为小规模纳税人，是没有进项税额抵扣这一说法的。

【例3】

甲公司为增值税一般纳税人，适用增值税税率为13%。当月向增值税小规模纳税人乙公司采购一批货物，价值8.00万元（不含税），收到乙公司开具的增值税普通发票，注明征收率为3%。已知甲公司当月实现不含税销售收入共20.00万元，则甲公司当月需要缴纳的增值税税款是多少？

甲公司当月货物的入账成本 =8.00+8.00×3%=8.24（万元）

当月应缴纳的增值税税额 =20.00×13%=2.60（万元）

由上述3个案例可知，单从当月应缴纳增值税税额可看出，甲公司选择身为增值税一般纳税人的乙公司时可以少缴纳增值税税款；而选择身为增值税小规模纳税人且开具增值税普通发票的乙公司时缴纳的增值税税款最多。所以，负责采购活动的业务员要了解供应商的选择对企业缴纳增值税的影响。

合同的签订需缴纳印花税

业务员要知道，企业订立或领受的购销合同是需要缴纳印花税的。不仅如此，一些应税凭证都要按照规定缴纳印花税。不同类型的合同和不同类型的应税凭证，其印花税的纳税标准是不一样的，具体见表3-3。

表3-3 印花税税目及税率表

税 目		税 率	备 注
合同	购销合同	按购销金额0.3‰贴花	—
	加工承揽合同	按加工或承揽收入0.5‰贴花	—
	建设工程勘察设计合同	按收取费用0.5‰贴花	—

续表

税　目		税　率	备　注
合同	建筑安装工程承包合同	按承包金额 0.3‰贴花	—
	财产租赁合同	按租金的 1‰贴花，税额不足 1 元的按 1 元贴花	—
	货物运输合同	按运输费用的 0.5‰贴花	单据作为合同使用的，按合同贴花
	仓储保管合同	按仓储保管费用 1‰贴花	仓单或栈单作为合同使用的，按合同贴花
	借款合同	按借款金额 0.05‰贴花	单据作为合同使用的，按合同贴花
	财产保险合同	按投保金额 0.03‰贴花	单据作为合同使用的，按合同贴花
	技术合同	按合同所载金额 0.3‰贴花	—
产权转移书据（包括财产所有权和版权、商标专用权、专利权和专有技术使用权等转移书据）		按所载金额 0.5‰贴花	—
权利许可证照（包括不动产权证书、营业执照、商标注册证和专利证书）		每件 5 元	—
营业账簿（资金账簿）		按实收资本（或股本）、资本公积合计金额的 0.5‰贴花	特殊时期减半征收（即 0.25‰）

　　A 公司与 B 公司签订了一份原材料购销合同，不含税价款为 10.00 万元，那么针对这份合同，A 和 B 公司都要缴纳印花税。

　　应缴纳印花税税额 =100 000.00×0.3‰=30.00（元）

　　在交易中如果签订了合同，则持有合同的双方均要按照规定缴纳相应的印花税税款，并不是只有其中一方缴纳。

折扣销售与销售折扣要分清

折扣销售与销售折扣虽然名称相似，但含义是完全不同的。

（1）折扣销售

折扣销售指销售业务中的商业折扣，一般在购货方购货数量较大时给予购货方的价格优惠。这种折扣发生在销货方确认销售收入前，因此账务处理上，财会人员会以原价扣除了折扣金额后的余额为准，确认销售收入。

常见的折扣销售见表3-4。

表3-4 折扣销售的常见用法

条　目	具体用法
1	购买50件，可按销售价格折扣10%；购买100件，可按销售价格折扣20%等
2	买一送一、买二送一等
3	满100送10、满200送30等

某公司6月28日与客户签订购销合同时，约定原价每件200.00元（不含税），购买50件及以上，可享受商业折扣10%；购买100件及以上，可享受商业折扣20%。

若购买30件，则确认的销售收入 $=30 \times 200.00=6\,000.00$（元）

若购买51件，则确认的销售收入 $=51 \times 200.00 \times (1-10\%)=9\,180.00$（元）

若购买100件，则确认销售收入 $=100 \times 200.00 \times (1-20\%)=16\,000.00$（元）

主营业务确认的销售收入，财务上通过"主营业务收入"科目进行核算。

（2）销售折扣

销售折扣是两种折扣方法的统称，它包括商业折扣和现金折扣。现金折扣与商业折扣不同，现金折扣一般发生在销货方确认收入以后，所以账务处理也与商业折扣有区别。

发生现金折扣的销售业务，要以销售原价确认销售收入，而发生的现金折扣金额要计入"财务费用"科目进行核算。也就是说，发生的现金折扣不会影响企业确认的销售收入金额，只会影响当期确认的财务费用金额和企业最终收到的款项金额。

常见的现金折扣形式为"2/10,1/20, N/30"，表示销货方允许客户最长付款期限为 30 天，如果客户在售出货物后 10 天内付款，则销货方可给予客户 2% 的折扣；如果客户在售出货物后 11 ~ 20 天内付款，则销货方可给予客户 1% 的折扣；如果客户在售出货物后 21 ~ 30 天内付款，则不能享受现金折扣。

丙公司 6 月 29 日与客户签订购销合同时，约定商品每件 150.00 元，现金折扣条件为"2/10,1/20, N/30"。假设客户总共购买了 100 件商品，丙公司适用增值税税率为 13%，则不同时间段付款如何影响销售收入的确认和最终收到的款项金额呢？

首先，无论客户在哪一个时间段内付清款项，丙公司需要确认的销售收入均为 15 000.00 元（150.00×100），增值税销项税额为 1 950.00 元（15 000.00×13%）。也就是说，"主营业务收入"科目对应的金额为 15 000.00 元，"应交税费——应交增值税（销项税额）"科目对应的金额为 1 950.00 元。

1. 如果客户在 10 天内付款，则可享受 2% 的折扣。

现金折扣金额 =150.00×100×2%=300.00（元）

这就说明企业应该确认的财务费用为 300.00 元。

实际收到的款项 =15 000.00+1 950.00−300.00=16 650.00（元）

2. 如果客户在 11 ~ 20 天内付款，则可享受 1% 的折扣。

现金折扣金额 =150.00×100×1%=150.00（元）

这就说明企业应该确认的财务费用为 150.00 元。

实际收到的款项 =15 000.00+1 950.00−150.00=16 800.00（元）

3. 如果客户在 21 ~ 30 天内付款，则不享受现金折扣，不需要确认财务费用，实际收到的款项金额为 16 950.00 元（15 000.00+1 950.00）。

折扣的申请流程及 5 种常见折扣方法

某一订单是否需要给予客户折扣，以及给予什么样的折扣等，都不是业务员自己说了算，需要经过一定的申请审批流程，通过后才能实施。

（1）折扣的申请流程

业务员在进行销售活动并签订销售合同时，如果要给予客户一定的折扣，则需要先确定折扣方法，然后按照如图 3-2 所示的步骤向上级领导申请批准。

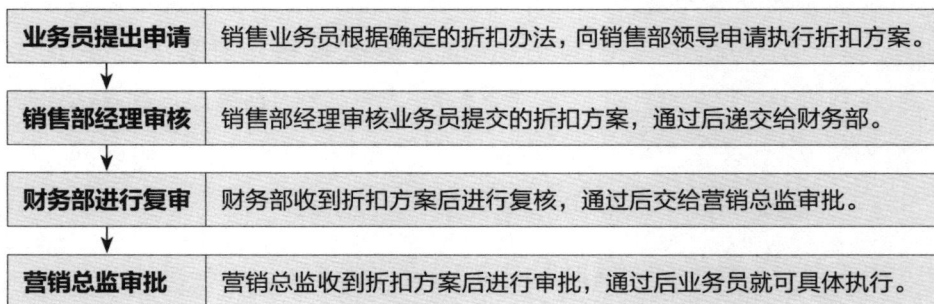

业务员提出申请	销售业务员根据确定的折扣办法，向销售部领导申请执行折扣方案。
销售部经理审核	销售部经理审核业务员提交的折扣方案，通过后递交给财务部。
财务部进行复审	财务部收到折扣方案后进行复核，通过后交给营销总监审批。
营销总监审批	营销总监收到折扣方案后进行审批，通过后业务员就可具体执行。

图 3-2　折扣的申请流程

（2）5 种常见折扣方法

实务中，销售业务涉及的折扣方法有很多，这里我们只介绍其中 5 种常见的：直接折扣、实物折扣、专销折扣、分销折扣和年度折扣。

◆　直接折扣。

直接折扣也称为现场折扣，指销货方按照客户的实际购买数量，在签订合同的当场就给予客户产品价格上的折扣优惠。

使用这类折扣方法时，销货方应考虑经营需求、各类产品特点和客户情况，分客户、分产品类别，分别确定各订单的直接折扣标准。通常，同一客户同一类别的产品的折扣标准必须统一。该折扣方法一般是当场结算、当场返还，销货方在客户购货时就结清本次所购货物应享有的直接折扣额，开具发票时要抵减购货价款。由此可知，直接折扣的操作类似于商业折扣。

◆　实物折扣。

实物折扣指客户当天当次实际购买某一种产品数量达到一定标准后，销货方直接给予客户一定数量的相同产品的优惠，类似于"买 × 送 ×"。

使用这类折扣方法时，销货方应根据自身经营管理需求，按照具体产品制定各自的实物折扣标准。也就是说，同一类产品的实物折扣标准应是唯一的，且适用于享受这类折扣的所有客户。该折扣方法也是当场结算、当场返还，销货方开具发票时以销量和实物折扣之和为实际销售量，计算确定销售价格和销售收入。换句话说，"送"的产品也要确认销量。

◆　专销折扣。

专销折扣指企业按照客户专销本公司产品的数量，给予专销客户一定的专销折扣。相应地，非专销客户就不得享受专销折扣优惠。

理论上来说，专门经销本公司产品的客户才是本公司的专销客户；但只销售本公司某类或某几类产品，同时还经销其他公司产品的客户，如果该客户经销的其他公司的产品为公司不生产的或属于区域战略规划以外的产品，则经本公司认定后，也可将这样的客户视为专销客户，享有专销折扣。

专销折扣的标准一般按产品类别进行设置，同一类产品只能设置一个折扣标准，且适用于所有专销客户。该折扣方法当场计算出折扣金额，定期结算兑现并抵扣购货款。

◆ 分销折扣。

分销折扣指总经销商享有的、按照其所辖下级经销商各类别产品的销量和对应定额标准享受的折扣优惠。

使用该折扣方法时，按照下级经销商的各类别产品实际销量与该类别产品的分销折扣标准计算确定折扣金额。一个下级经销商只能有一个上级经销商，下级经销商不得再设下级，即不得多级分销。

在该折扣方法下，下级经销商购买产品时，按标准当场计算出分销折扣金额，列入指定上级经销商往来科目，定期结算兑现，抵扣该上级经销商购货款。

◆ 年度折扣。

年度折扣指销货方根据客户在全年内实现的购货数量或计划完成程度，按不同的标准给予客户折扣的优惠措施。

使用年度折扣方法时，销货方应根据客户和产品销量设定年度折扣标准，包括销量档次标准和对应档次的折扣标准。销量档次不同，年度折扣标准就不同，但对所有客户应设置相同的档次标准，且不同客户同类产品的同一档次的折扣标准必须统一。年度折扣方法下，销货方在年末进行结算，在次年年初或以后期间抵扣客户的购货款。

第 4 章

业务账款控制与管理全掌握

在采购活动和销售活动中，必然会涉及业务账款的收支。这些业务账款关系着企业经营收入和经营成本的核算，进一步影响着企业利润的实现。因此，业务员要掌握业务账款的控制与管理知识，为企业内部的财会人员顺利完成会计核算工作做好前期铺垫工作。

了解现销和赊销

现销和赊销最大的区别就是：交易发生时是否有款项的收付发生。

（1）现销

业务员要清楚，现销并不是现金销售的意思，它指销货方在销售商品的同时就收取货款，购销双方在交易的当场就钱货两清的销售模式。

由于现销是一手交钱一手交货，因此不会产生债权和债务，账务处理时直接核算银行存款或库存现金的增加数，同时确认销售收入和增值税销项税额，还要结转售出商品对应的成本，减少库存商品的量。

甲公司 6 月 29 日向某客户销售一批产品，不含税价格为 12.00 万元，开出增值税专用发票注明税率 13%，税额为 15 600.00 元。已知该批产品成本为 6.50 万元，当天就收到了客户的银行转账。甲公司的财会人员需要根据银行发来的收账通知以及发票记账联，编制如下会计分录。

借：银行存款——××   135 600.00
    贷：主营业务收入   120 000.00
        应交税费——应交增值税（销项税额）   15 600.00
借：主营业务成本   65 000.00
    贷：库存商品   65 000.00

（2）赊销

赊销就是信用销售，即销售商品在前，收取货款在后，销货行为和收款行为在时间上不是同时发生。一般来说，赊销以信用为基础，买卖双方签订购货协议后，卖方让买方取走货物，而买方按照协议在规定日期付款或分期付款。

由于赊销的实际收款时间与收款权责发生时间不一致，因此会产生债权、债务。不同的赊销方式都会涉及"应收账款"科目的核算，只是账务处理有所不同，见表 4-1。

表 4-1 赊销业务中会涉及的会计科目及账务处理

赊销方式	涉及会计科目	账务处理
规定日期付款	应收账款、主营业务收入、应交税费、银行存款、库存商品、主营业务成本	1. 售出商品未收款 借：应收账款 　　贷：主营业务收入 　　　　应交税费——应交增值税（销项税额） 借：主营业务成本 　　贷：库存商品 2. 收到货款 借：银行存款 　　贷：应收账款
分期付款		1. 售出商品未收款（同上） 2. 分期收到货款，每一期都按照实际收款金额编制如下会计分录 借：银行存款 　　贷：应收账款

有些企业为了控制应收账款，减少坏账损失，会规定信用期，超过信用期付款的，会加收货款一定比例的利息，这样就促使买方可以尽快付款。

赊欠款的基本原则是什么

如果企业实行赊销，则要做好坏账的准备。为了减少企业可能发生的经济损失，在赊销和允许客户欠款等方面需要遵循如下原则。

◆ 坚持"现款现货、不搞赊销"。

这是企业在产品销售业务中应遵循的基本原则，可从源头防止企业出现坏账损失，也能有效地避免经济损失。但如果不搞赊销，则企业很可能丧失很多客户资源，销售额也可能达不到目标，更无法扩大市场。因此，这一原则是在坚持了以后也不影响企业实现经营目标的情况下努力遵守。

◆ 要对客户进行资信程度等全方位调查。

如果企业确实需要采取赊销方式的，要对客户的资信程度、企业财产状况等进行全面的调查，再根据调查结果制定专门的赊销方案。

◆ 做到"产权明晰，手续齐全；职责清楚，赏罚分明"。

经批准采用赊销方式后，企业对各客户的赊销款应做到"产权明晰，手续齐全；职责清楚，赏罚分明"，也就是要对各客户的赊销款进行严格的管理、追踪和监控。

◆ 标准统一，方案各异。

对企业来说，要在实行赊销的情况下制定出统一的信用政策标准，而各个客户具体适用什么等级的赊欠款方案就要根据实情来确定了。只有标准统一才能更好地控制企业整体的赊欠款情况，只有方案各异才能给予每一位客户更人性化的交易体验。

评估客户是否具备赊欠款的条件

企业制定了完善的信用政策和赊欠款标准，并不代表所有的客户都适合向企业赊欠款。因为如果同意某些客户赊欠款后，后期可能无法收回欠款，导致企业蒙受经济损失。所以企业在考虑是否给予某位客户赊欠款资格的时候,必须先评估该客户是否具备赊欠款的条件。具体从如下几个方面入手。

(1)客户的经营能力要强

作为销售方,企业要考察客户的经营能力强弱。只有经营能力强的客户,在其资金周转不灵时才有能力通过经营活动来偿还赊欠款,这对销售方来说才是有利的。如果客户经营能力不强,一旦其资金周转不灵,就很可能无法偿还赊欠款,作为销售方的我们就很可能产生坏账,从而面临经济损失。

实务中,企业可通过查看客户的各会计期间的财务报表来分析其偿债能力、运营能力、盈利能力和发展能力,主要看流动比率、速动比率、现金比率、资产负债率、应收账款周转率、存货周转率、资产报酬率、销售毛利率、销售净利率、销售增长率和利润增长率等重要财务指标,见表4-2。

表4-2 通过财务指标考察经营能力

财务指标	计算公式	分　　析
流动比率	= 流动资产 ÷ 流动负债	国际公认的比率为2:1,行业之间有差异。一般来说越接近2:1的流动比率,说明企业的短期偿债能力越强,不能过低,也不能过高
速动比率	= (流动资产 − 存货) ÷ 流动负债	国际公认的比率为1:1,行业之间有差异。一般来说越接近1:1的速动比率,说明企业的短期偿债能力越强,不能过高,也不能过低
现金比率	= (现金 + 现金等价物) ÷ 流动负债	没有统一的标准,一般来说比率越高,说明企业有较好的支付能力,短期偿债能力较强。但是该比率不能过高,否则企业可能存在大量闲置资金,会降低资金的使用效率
资产负债率	= 负债总额 ÷ 资产总额 ×100%	没有统一的标准,一般认为保持在50%左右较好。此时有较强的财务杠杆效应,又能保证一定的偿债能力

续表

财务指标	计算公式	分　析
应收账款周转率	＝赊销收入净额÷应收账款平均余额	比率越高，说明企业应收账款的回收效率越高，营运能力越强；反之，回收效率越低，营运能力越弱
存货周转率	＝销售成本÷存货平均余额	比率越高，说明企业存货的周转速度越快，营运能力越强，存货变现速度越快，偿还赊欠款是有保障的；反之，周转速度越慢，营运能力越弱，存货变现速度越慢，赊欠款可能出问题
资产利润率	＝利润总额÷资产平均总额×100%	比率越高，说明企业利用资产产生利润的能力越强，盈利能力越强；反之，盈利能力越弱
销售毛利率	＝（营业收入净额－营业成本）÷营业收入净额×100%	比率越高，说明企业通过销售获取利润的能力越强；反之，通过销售获取利润的能力越弱
销售净利率	＝净利润÷营业收入净额×100%	比率越高，说明企业各方面经济活动的盈利能力越强；反之，经济活动的盈利能力越弱
销售增长率	＝本年营业收入增长额÷上年营业收入总额×100%	比率越高，说明企业营业收入的成长性较好，发展能力越强；反之，成长性较差，发展能力较弱
利润增长率	＝本年利润总额增长额÷上年利润总额×100%	比率越高，说明企业的综合成长性越好，发展能力越强；反之，综合成长性较差，发展能力较弱

（2）客户的经营规模要与实际发展情况相符

在评估客户的经营规模时，不能一味地认为规模越大，就具备赊欠款条件，因为有些企业只是盲目扩大了经营规模，其规模与实际发展情况不相符，这种情形下的客户也不能保证有足够的能力偿还赊欠款。而经营规模不大的客户，其偿债能力也不一定会弱。所以，通过客户的经营规模来评估其是否具备赊欠款条件时，主要是看其经营规模与实际发展情况的同步性。

（3）客户要有较好的信用口碑

有时，评价客户是否具备赊欠款条件，不能单从其经营能力和经营规模入手，这样会使评估结果较片面。我们还可综合其他方面的考量因素来看，比如客户在其他企业的口碑情况，如果信用口碑很好，没有拖欠款的历史，或者没有耍赖不付款的情况，则说明该客户不是会赖账的"人"，也能判断其具备赊欠款条件。

赊欠款的办理流程是什么

作为业务员，必须要懂的赊欠款知识要属赊欠款的办理流程了。一般流程如图 4-1 所示。

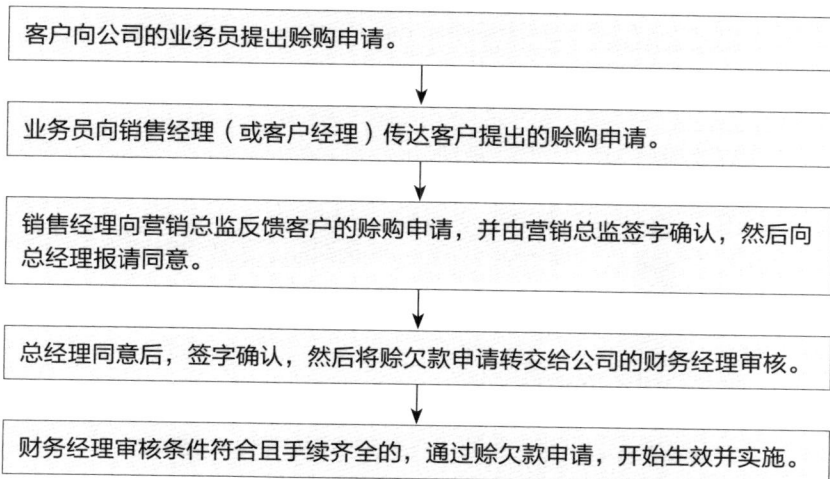

客户向公司的业务员提出赊购申请。

业务员向销售经理（或客户经理）传达客户提出的赊购申请。

销售经理向营销总监反馈客户的赊购申请，并由营销总监签字确认，然后向总经理报请同意。

总经理同意后，签字确认，然后将赊欠款申请转交给公司的财务经理审核。

财务经理审核条件符合且手续齐全的，通过赊欠款申请，开始生效并实施。

图 4-1　赊欠款的办理流程

如果实务中业务员帮客户传达的赊欠款申请无法及时得到销售经理、营销总监等领导的签字确认，则业务员可以先通过其他方式将财务部对相关赊欠款事宜的说明意见告知这些领导，如发传真、打电话等，并提交书面说明同意赊欠、自愿权责担保，然后开票的财会人员就可凭借完备的赊欠款办理手续开票。

如何实施合同控制

从广义上来说，一切确立权利义务关系的协议，都是合同。业务员的日常工作中接触最多的就是合同，那么如何实施合同控制就是业务员必须要学习的知识。实施合同控制可从如下几个方面入手。

（1）审查合同另一方的主体资格

由于当前经济市场中各经营单位的性质、种类都比较复杂，再加上有关部门对企业的管理不到位，因此虚假信息充斥在各类经济信息中，难以辨别。

为了防范欺诈行为，减少交易风险，企业在与客户或者供应商签订合同前必须考虑交易双方的主体资格、履行合同的能力以及对方的信用情况等。尤其是对方的主体资格，应查看对方的营业执照以及其进行年度报表公示所提供的证明资料等文件。

（2）要严格审查合同条款

我国《中华人民共和国合同法》（以下简称《合同法》）明确规定了当事人应遵循公平原则确定各方权利义务，因此合同条款的对等性和明确性必须保证。企业在与客户或供应商签订合同时，要严格审查合同条款，发现权利义务不对等或者表述不明确的，一律不予同意签订。

换句话说，不要签义务多、责任重但权利少这样的条款不对等合同，如合同只规定了我方违约要如何处理但没有说明对方违约如何处理；也不要签订条款内容模棱两可的合同。

合同的条款和内容要注重根本，即实用性。合同的用语不必华丽、文绉绉，意思明确、简单易懂最重要；要尽量避免没有任何实际作用的空话，合同条款之间更不能出现前后矛盾的情况；合同条款要做到交易双方认为没有必要再进一步协商的程度，才能说明条款内容明确。

（3）看合同中关于仲裁机构的名称是否书写具体

有些企业在编制合同时，忽视了仲裁事项的重要性，对该模块内容的编写就很随意，导致后续发生经济纠纷时无法准确、顺利地解决问题。比如合同中只概括性地说明双方一旦发生纠纷就在某方所在地仲裁机构解决。这样的仲裁条款只是约定了仲裁地点，没有具体约定仲裁机构，实际上不具有任何法律效力。

根据我国相关仲裁法的规定，合同签订双方在约定仲裁条款时，必须选定仲裁委员会，即写明仲裁机构的具体名称。这样当交易双方发生经济纠纷时，可按照合同的约定进行仲裁或者采取其他解决措施。

（4）要确保签字盖章都有

由于企业之间签订合同时，这一交易行为代表的是两家企业，但具体签合同的是个人（即经办人）。为了避免一些不必要的纠纷，往往需要签订合同的双方经办人签字，然后加盖单位的印章。比如，有些单位经常以没有加盖其本单位公章为由，否认其公司经办人的签名效力，导致合同的对方蒙受经济损失。因此，企业在与外单位签订合同时，必须要确保对方在合同上签字并加盖其单位的公章或合同专用章。

（5）要明确一般的买卖合同应包括哪些条款

作为业务员，要更好地保证买卖合同有效，保障买卖双方的合法权益，了解合同内容应包括哪些条款是非常重要的。大致条款见表4-3。

表4-3　一般买卖合同应包括的条款

条　目	条款内容
1	买卖双方的名称或姓名、经营地址或住所
2	标的物的名称、规格、型号、生产厂商、产地、数量、单价和总价款
3	买卖双方对标的物的质量要求
4	标的物的包装方式说明
5	交货的时间、地点和方式
6	标的物的检验标准、检验时间和检验方法
7	购销款项的结算方式
8	违约责任的说明
9	解决纠纷或者争议的方法、途径等
10	其他条款，如对外贸易的买卖合同所使用的文字和质量保证期等内容的说明

（6）要牢记合同签订需注意的问题

业务员实施合同控制时，不仅要了解合同条款有哪些，还要牢记签订合同时需注意的各方面问题，见表4-4。

表4-4　签订合同的注意事项

条　目	注意事项
1	买卖合同的卖方必须是合同中涉及标的物的所有人或有权处分这些标的物的管理者
2	合同中的标的物信息必须详细、明确
3	合同中对标的物的质量约定必须明确
4	理论上来说，合同中应明确说明标的物的包装方式，如果没有说明，为了保证货物的安全运输，应按照通用方式包装；没有通用方式的，应采取可以保护标的物的包装方式

续表

条　　目	注意事项
5	交货时间、地点和方式等关系着交易双方对标的物的所有权转移，也是很容易出现经济纠纷的部分，因此这些条款内容必须引起重视
6	标的物的检验内容一般包括重量、质量、包装、规格和等级等，合同中应明文规定检验时间、地点、标准、方法以及买方发现质量问题并提出异议时的处理方法和具体处理流程
7	买方在收到标的物后应在合同约定检验时限内检验标的物
8	合同中要明确双方的违约情形和对违约行为的惩处办法，比如买方的违约情形有毁约、未按照约定提货或者付款等；卖方的违约情形有毁约、未按规定时间交货、交付的标的物不符合合同约定等

（7）要准确区别"定金"和"订金"

作为业务员，有一组术语必须能够区分其含义，即"定金"和"订金"。这两个术语所表达的意思是不同的，混淆的话也容易产生纠纷。

定金是"债"的一种担保方式。我国《合同法》规定交易双方当事人可依照《中华人民共和国担保法》约定一方向对方给付定金，作为债权担保，债务人履行债务后，定金应抵作价款或退还给支付方。如果给付定金的一方不履行约定的债务，则无权要求对方返还定金；而收取定金的一方不履行其义务的，应向支付方返还双倍定金。由此可见，定金具有惩罚性。

而订金在法律上只具备预付的作用，一般作为交易款的预付款使用。

业务员只有做好合同控制工作，才能保证企业不陷入经济纠纷，也就能防止企业遭受经济损失，财务上也会给财会人员减少很多不必要的工作内容，使得财务管理目标能更好地实现。

通过跟踪采购活动了解企业应付账款情况

在企业的采购活动中，除了现买现付外，还可以在规定时间内付款或分期付款，这时就会产生应付账款。应付账款是企业的一项负债，应该重视对它的管理。作为采购活动的业务员，要想通过跟踪采购活动了解企业的应付账款情况，首先需要熟悉企业采购活动的相关流程，如图4-2所示。

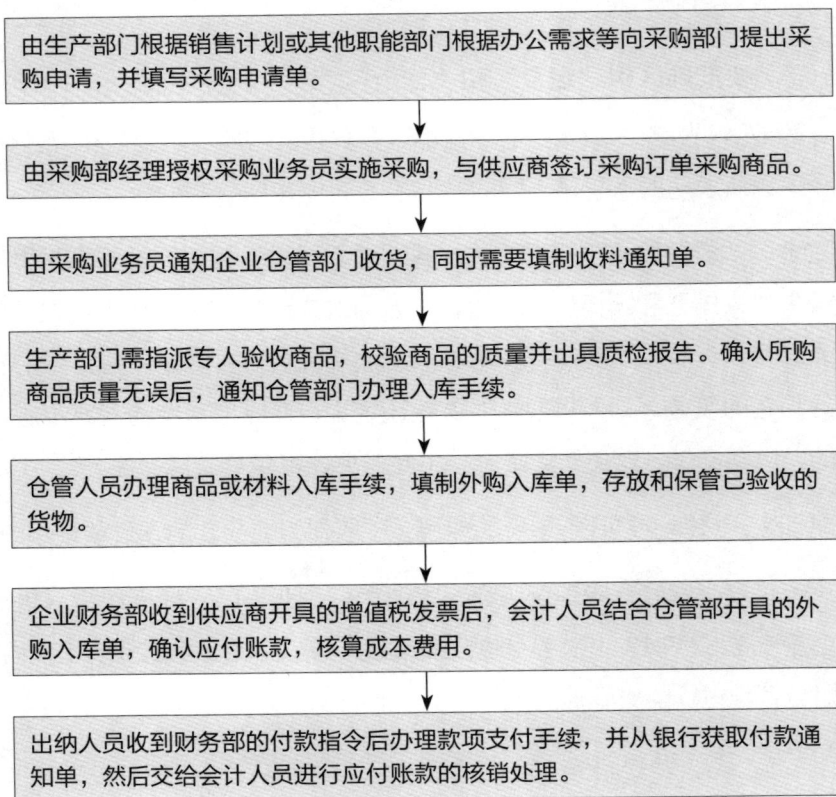

由生产部门根据销售计划或其他职能部门根据办公需求等向采购部门提出采购申请，并填写采购申请单。

↓

由采购部经理授权采购业务员实施采购，与供应商签订采购订单采购商品。

↓

由采购业务员通知企业仓管部门收货，同时需要填制收料通知单。

↓

生产部门需指派专人验收商品，校验商品的质量并出具质检报告。确认所购商品质量无误后，通知仓管部门办理入库手续。

↓

仓管人员办理商品或材料入库手续，填制外购入库单，存放和保管已验收的货物。

↓

企业财务部收到供应商开具的增值税发票后，会计人员结合仓管部开具的外购入库单，确认应付账款，核算成本费用。

↓

出纳人员收到财务部的付款指令后办理款项支付手续，并从银行获取付款通知单，然后交给会计人员进行应付账款的核销处理。

图4-2　采购活动的流程

在图 4-2 所示的流程步骤中，第 6 步时企业的应付账款处于挂账的状态，而需要关注的应付账款情况就处于第 6 步至第 7 步之间的时间段，直至完成第 7 步的付款操作，对应付账款的跟踪工作才算完成。

无论是生产性企业还是商品流通企业，在作为销售方的同时，也有采购方这一身份，采购原材料用于生产，或从外单位购入产品直接用于销售等。因此，各行各业的采购业务员都应掌握采购活动的流程，从而了解企业应付账款的情况，毕竟这关系着企业在外单位的信用口碑和声誉好坏，这些都会对企业的经营管理产生重大影响。

在财务工作中，"应付账款"科目用来核算企业因购买材料、商品和接受劳务等经营活动所应支付的款项。贷方登记应付而未付的款项，借方登记核销的应付账款，期末余额一般在贷方，表示企业应付且截至当期期末尚未支付的金额。由此可见，业务员也可通过查阅"应收账款"明细分类账簿来了解企业应付账款的情况。

在实行会计电算化的企业内部，可以建立数据传输通道，在采购管理系统、应付账款系统、库存管理系统、存货核算系统和账务处理系统之间实现数据共享，从而实时掌握应付账款的动态变化。

什么是预付账款

预付账款，从字面上理解，就是预先支付的款项。更准确的解释是指企业按照购货合同的规定，预先以货币资金或货币等价物支付给供应商的款项。一般来说，在发生预付账款时，采购方实际上还没有收到所购买的货物。在理解预付账款时，哪些要点需要业务员注意呢？

（1）预付账款属于企业的资产

"预付账款"是资产类科目，属于企业的流动资产。很多人可能会问：这不是支出去的钱吗？怎么就成了企业的资产？

因为预付账款发生时，企业还未收到购买的货物，交易的权责还未发生，所以预付给供应商的款项可以通俗地理解为"暂存在供应商处的钱"。在没有发生交易之前，这个钱还是采购方的，所以是采购方企业的资产。后续交易中，供应商会以某种商品、提供劳务或服务来抵偿其收到的预付账款，因此，预付账款也是采购方的一项债权。

（2）常见的预付账款情形

对购货企业来说，预付账款包括预付的材料、商品的采购货款，按规定向生产单位或个人发放的农副产品预购定金等。对施工企业来说，预付账款包括预付的工程款、预付的备料款等。

（3）并不是所有企业都必须设置"预付账款"科目

对于涉及预付账款较多的企业，可单独设置"预付账款"科目来反映和监督预付账款的增减变动与结存情况。该科目借方登记预付账款的增加数，即企业向供应商预付的货款；贷方登记预付账款的减少数，即企业收到所购货物时应结转的预付账款金额；期末余额一般在借方，反映企业向供应商预付而尚未收到货物的预付货款；如果余额在贷方，则表明企业还有尚未补付给供应商的货款。

①因购货而预付货款时，按照实际付出的金额入账。

借：预付账款——××
　　贷：银行存款

②收到所购货物时，根据发票账单确认货物入账成本。此时按照全部的价款和税额合计数登记"预付账款"科目贷方。

借：原材料 / 材料采购 / 库存商品等
　　应交税费——应交增值税（进项税额）
　　贷：预付账款

如果是小规模纳税人，则税费不单独核算，直接计入货物入账成本核算。

③如果预付的款项＜应支付的采购货款，则补付。

借：预付账款——××
　　贷：银行存款

如果预付的款项＞应支付的采购货款，则收回多付的款项。

借：银行存款
　　贷：预付账款——××

为了更准确地进行预付账款明细核算，一般会根据供应商设置明细科目，比如向甲公司预付货款，使用"预付账款——甲公司"科目进行会计核算。

但是，并不是所有企业都必须设置"预付账款"科目。一些涉及预付账款不多的企业就可以不设置该科目，而是直接将预付的货款计入"应付账款"科目的借方，用于抵减企业当期的应付账款。

要懂得应收账款账龄分析

可能大部分业务员都不懂什么是应收账款账龄，更不懂应收账款账龄分析。应收账款账龄指资产负债表中的应收账款从销售实现、产生应收账款之日起，至资产负债表日止所经历的时间。简单理解，就是应收账款在账面上存在的时间。

那么，为什么企业的财会人员要对应收账款的账龄进行分析？业务员为什么要懂得应收账款账龄分析呢？因为对应收账款账龄进行分析，有助于企业评价销售部门的经营绩效，加快货款的回笼，降低发生坏账的可能性，减少坏账损失；也有利于会计报表使用者（包括业务员）更好地理解企业的资产状况。作为业务员，可从哪些方面入手学习应收账款账龄分析呢？

（1）认识应收账款账龄分析表

应收账款账龄分析表格式并不是统一的，各企业可根据自身经营需求和发展情况自行设计。图 4-3 是比较简单的应收账款账龄分析表。

应收账款账龄分析表

单位：元

当前日期：

应收款日期	客户名称	应收金额	已收款金额	未收款金额	逾期0～30天	逾期31～60天	逾期61～90天	逾期90天以上	合计	百分比
合计										

图 4-3　应收账款账龄分析表

（2）应收账款账龄分析具体分析什么

应收账款账龄分析是根据应收账款拖欠时间的长短，分析判断可收回金额和坏账。通常，应收账款账龄越长，其对应的坏账损失可能性越大。

从图 4-3 可以看出，应收账款账龄分析过程中，还要分析各账龄组对应的应收账款占总的应收账款的百分比，以及不同账龄下有哪些应收账款明细等。

（3）应收账款账龄分析怎么做

作为业务员，只有了解了应收账款账龄分析是怎么做的，才能真正理解应收账款账龄分析表所反映的数据信息。

◆ 先将应收账款按照账龄长短，在应收账款账龄分析表中进行列示，据此了解企业应收账款在各个客户之间的金额分布情况和拖欠时间的长短。

◆ 然后将应收账款按账龄长短分成若干组，计算列示各个账龄段上的应收账款金额。

◆ 接着为每一个账龄段估计坏账损失的可能性（即坏账损失百分比），进一步计算坏账损失的金额。

◆ 最后将各个账龄段上的坏账损失估计数进行求和，估计坏账损失的总额。

（4）如何检查应收账款的账龄分析是否正确

无论是手工记账还是实行会计电算化，应收账款的账龄分析都不能保证百分百正确，那么如何检查应收账款账龄分析是否正确呢？这对业务员来说也是一个提升工作能力的入手点。一般我们会通过如图 4-4 所示的 3 个步骤来检查应收账款的账龄分析。

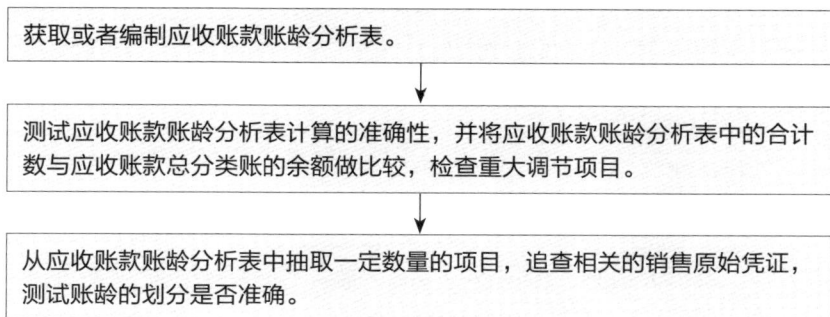

获取或者编制应收账款账龄分析表。

↓

测试应收账款账龄分析表计算的准确性，并将应收账款账龄分析表中的合计数与应收账款总分类账的余额做比较，检查重大调节项目。

↓

从应收账款账龄分析表中抽取一定数量的项目，追查相关的销售原始凭证，测试账龄的划分是否准确。

图 4-4 检查应收账款账龄分析是否正确的步骤

（5）应收账款与坏账准备

业务员要知道，在账务处理工作中，只要企业账面上有应收账款的存在，就必须按照规定的比例计提坏账准备，通过"坏账准备"科目核算，这是我国企业会计准则规定使用的用于核算应收款项减值的方法——备抵法。

当企业根据应收账款账面余额计提坏账准备时，通过"坏账准备"科目核算，记贷方；同时借记"信用减值损失——计提的坏账准备"科目。

当企业确定了有些应收账款无法收回时，就要确认坏账损失，同时冲减已经计提的坏账准备，即借记"坏账准备"科目，贷记"应收账款"科目。

当已经确认并转销的应收账款在以后会计期间又收回时，要按照实际收到的金额增加坏账准备的账面余额，即借记"应收账款"科目，贷记"坏账准备"科目，同时借记"银行存款"科目，贷记"应收账款"科目。

收到购买方支付的前欠货款应怎么处理

如果企业收到购买方支付的前欠货款，则说明前期与购买方之间发生的交易产生了应收账款，现在收回货款了，就应该对前期确认的应收账款进行转销处理。会计人员要做的账务处理如下。

借：银行存款
　　贷：应收账款——××

实务中，财会人员必须根据银行发来的收款通知进行上述账务处理。

这是经济交往中比较常见的直接以现金或者银行转账的方式支付前欠货款的情形。还有一些购买方，由于其暂时无可用资金或者其他原因暂时无法付现，因此会以其他结算方式来植入前欠货款，比如票据，银行汇票、商业汇票等。

①如果收到银行汇票，则要以银行汇票来转销应收账款。因为银行汇票在财务上确认为"其他货币资金"，所以账务处理如下。

借：其他货币资金
　　贷：应收账款——××

②如果收到商业汇票，则要以商业汇票来转销应收账款。因为商业汇票在财务上确认为"应收票据"，所以账务处理如下。

借：应收票据
　　贷：应收账款——××

知识延伸｜商业汇票的两种类型

企业在经济交往中使用的商业汇票主要分为两种：商业承兑汇票和银行承兑汇票。注意，银行承兑汇票与银行汇票不是一种票据。

商业承兑汇票是由企业作为出票人签发的，承兑人也是企业，付款人是在开户银行开立了存款账户的企业。而银行承兑汇票是由企业作为出票人签发的，承兑人是银行，付款人是开户银行开立了存款账户的企业。

关于票据及其他支付、结算手段，将在本书第5章做详细介绍。

与"应付账款"和"预付账款"科目一样，"应收账款"科目也应按照不同客户进行明细核算。

业务员还需知道的是，有些购买方后期确实无法支付前欠货款的，可能会以其自身生产的产品作价抵偿其应付的货款。此时，企业会计人员也要做账，借记"原材料"或"库存商品"科目，同时借记"应交税费——应交增值税（进项税额）"科目（一般纳税人），贷记"应收账款——××"科目。

应付账款因对方原因无法支付怎么办

在企业的经营管理过程中，偶尔会遇到该支付的货款因销货方自身的原因而无法支付的情况。这些原因主要包括以下一些方面。

◆ 销货方已经破产解散，无法找到负责人。

◆ 销货方已经撤销。

◆ 其他原因。

对于应付账款因为交易对方的原因而无法支付的情况，业务员可将无法支付的货款理解为企业的额外收益，财务上要通过"营业外收入"科目进行核算，同时要转销账面上对应金额的应付账款。涉及的会计分录如下。

借：应付账款——××
　　贷：营业外收入

那么，实务中如何尽早发现应付账款无法支付的情况呢？这就要求业务员实时跟踪企业的采购活动和应付账款情况了。

在采购业务发生后，业务人员要与供应商保持良好的沟通关系，针对货款做出及时的应答和信息反馈，要实时监督本企业在规定时间内付款。如果在规定期限还未到期时对方企业就已经出现了上述列举的情形，导致应付账款无法再支付，则采购业务员要通知企业财务部进行应付账款的转销处理。

乙公司是一家生产女士夏装的生产商，6月30日确认一笔应付给A供应商的货款50 000.00元为无法支付的款项。财务部收到采购部门发来的确认无法付款的通知后，会计人员要编制如下会计分录。

借：应付账款——A　　　　　　　　　　　　　　50 000.00

　贷：营业外收入　　　　　　　　　　　　　　50 000.00

呆账和坏账有何区别

呆账就是还不能确定将来是否能够收回的往来账；坏账就是已经确定将来不能收回的往来账。

（1）呆账

从演变历程来看，呆账是有可能成为坏账的应收款项，是企业未能及时进行清账处理的结果。实务中可认定为呆账的情形见表4-5。

表4-5　认定为呆账的情形

条　目	情　　形
1	债务人（即购货方）依法宣告破产、关闭、解散或撤销，并终止法人资格，企业对其进行追偿后，未能收回的债权（如销售货款等）
2	个人债务人死亡，或者依照《中华人民共和国民法通则》的规定宣告失踪或死亡，企业依法对其财产或遗产进行清偿，未能收回的债权
3	债务人遭受重大自然灾害或意外事故，损失巨大且不能获得保险补偿，或者在保险赔偿后，确实无力偿还部分或全部债务，且企业对其财产进行清偿并追偿后，未能收回的债权
4	债务人虽未依法宣告破产、关闭、解散或撤销，但已经完全停止经营活动，被县级及县级以上工商行政管理部门依法注销、吊销营业执照，企业对其进行追偿后，未能收回的债权
5	债务人虽未依法宣告破产、关闭、解散或撤销，但已经完全停止经营活动或下落不明，未进行工商登记或连续两年以上未进行年度公示，企业对其追偿后，未能收回的债权

续表

条　目	情　形
6	债务人触犯刑法，依法受到制裁，其财产不足以归还所欠债务，又无其他债务承担者，企业经追偿后确实无法收回的债权
7	由于债务人不能偿还到期债务，企业诉诸法律，经法院对债务人强制执行，债务人均无财产可执行，法院裁定终结、终止或中止执行后，企业仍无法收回的债权
8	对债务人诉诸法律后，因债务人主体资格不符或消亡等原因，被法院驳回起诉或裁定免除（或部分免除）债务人责任；或因购销合同等权利凭据遗失或丧失诉讼时效，法院不予受理或不予支持，企业经追偿后仍无法收回的债权
9	由于上述 8 项原因债务人不能偿还到期债务，企业依法取得抵债资产，而抵债金额小于应收款金额，经追偿后仍无法收回的债权等

对业务员来说，一定要明白的是呆账的核销工作必须遵循严格的认定条件，由经办人员提供确凿证据，严肃追究责任，逐户、逐级上报、审核和审批，对外保密，并遵循"账销案存"的原则，保留底稿资料，方便日后查阅。

（2）坏账

坏账是企业不能收回的、已经批准列入损失的应收账款。一笔应收账款究竟在什么时候才能被确认为坏账呢？其确认条件一般是由会计准则或制度给出的。通常，应收账款符合下列条件之一的，就应该将其确认为坏账。

◆ 债务人死亡，以其遗产清偿后仍然无法收回的账款。

◆ 债务人破产，以其破产财产清偿后仍然无法收回的账款。

◆ 债务人在较长时间内没有履行其偿债义务，并有足够的证据表明无法收回或收回的可能性极小的账款。

在上述 3 个条件中，第 3 个条件需要企业的财会人员做出职业判断。我国现行制度规定，上市企业坏账损失的决定权在企业董事会或股东大会。

不管会计准则或制度怎样变化，会计实务中坏账的确认都要遵循财务报告的基本目标和会计核算的一般原则，尽量做到真实、准确并符合本企业的实际情况。

如何加强应收账款管理

由于应收账款的变动情况直接影响企业的经济利益，因此加强应收账款的管理是必须要做的工作。细分到具体的工作内容上，可从以下几个方面入手，加强应收账款的管理。

◆ 加强财会人员和业务员对应收账款的风险防范意识。

◆ 完善销售考核制度和管理约束制度。

◆ 加强销售部门与财务部门的合作与联系。

◆ 建立客户信用档案，定期评价客户信用状况。

◆ 定期与客户对账，及时发现问题。

◆ 加强对应收账款的分析和通报。

◆ 加大债务清欠力度，学会利用法律手段依法保护本企业的权益。

◆ 规范企业的呆账、坏账处理操作。

而经营过程中，要想财会人员、业务员以及其他相关人员更精准地实施应收账款管理工作，往往需要制定应收账款管理制度或办法，来对企业员工以及交易活动进行约束。如下所示的是某公司制定的应收款项管理制度（部分）。

×× 有限责任公司应收款项管理制度（部分）

一、总则

（一）该制度所指应收款项包括企业应收账款、应收票据、其他应收账款和预付账款。

（二）销售、采购部门应加强应收款项管理：应收款项是企业主要的流动资金之一，周转速度的快慢直接影响企业资金质量和营运能力。

（三）应收账款是企业的资源，应该作为扩大销售额的一种手段，制定良好的信用政策加以利用。企业信用政策应该包括以下内容。

（1）信用标准：根据以往客户的资信程度，对客户做一个等级评价，再采取相应的信用政策。

（2）信用条件：信用期限、现金折扣、折扣期限。

（3）收款政策：对未收回的款项按照客户等级制定相应的收款方案催收。

（四）企业应按照客户设立应收款项台账或辅助账，详细反映如下内容。

（1）欠款发生的部门、依据合同、协议等文件。

（2）欠款客户的全称、地址、经办人。

（3）每笔欠款的账龄、增减变动。

（4）每笔欠款的信用额度、期限、逾期时间。

（5）每笔逾期欠款的催收记录。

二、应收款项流程管理

（一）销售开票员开具销售票据，传递给收款员，收款员依据销售票据中的金额按照收款类型收取现金或办理代销（附表一）、赊销手续。

（二）每笔销售未收款的销售票据均应附有欠条，欠条应具备下列要点。

（1）客户亲笔签字或由客户委托书中指定的代理人签字。

（2）填明欠款金额、发货名称及数量。

（3）填明约定收款日期及付款条件。

（三）每日工作结束前一小时整理当日销售单据，并依照收款类型编制当日的销货日报表（附表二），按收款类型依次整理票据及收款、赊销依据文件，附在附表二后交财务。

附表二：　　　　　　　　　　销售日报表

单位	年　　月　　日销售额			
	现金	代收	赊销	依据
合计				
付票据张数				
制表人：	填表时间：			

（四）财务按照附表二记录应收账款凭据，其表及依据作为会计记账凭证的原始资料附件。

（五）对到期的应收款项，财务应按时列表提交清欠部门，及时催收。

（六）对逾期的应收款项，应当采取多种方式进行催收；对重大的逾期应收款项屡收不清的，应当通过诉讼方式解决。

（七）企业对屡收不清的应收款项，因某种原因不便诉讼的，但为了减少坏账损失，应请示董事会批准，可与债务人协商以债务重组的方式解决。

（八）应重视对应收款项中的"预付账款"管理，款项汇出后，应由采购、财务部门联合负责，时时跟踪落实核对货到、票到，避免款出货无。

三、应收款项的清理

（一）企业应在年底安排销售、采购、财务部门联合对应收款项进行全面清查核对，由专人办理"应收款项确认函"（附表三）落实资产可收回程度。

（二）按照确认的"应收账款确认函"与企业全部应收款明细表核对，依次对应收款项排列，分别按照正常、到期、逾期、严重逾期、屡收不清几种情况采取相应的收款方式。

（三）特别对逾期、严重逾期、屡收不清的款项按照本制度第五至七条执行外，还要在制定客户信用额度及销售政策时从严控制。

四、应收款项的回收、核对确认工作应与部门绩效考核挂钩。

附表三：　　　　　　　应收账款确认函

填表时间：　年　月　日

收款单位		付款单位	
收款金额		付款金额	
起止时间		起止时间	
确认结果		确认结果	
核对人		核对人	
收款单位签章 　　　　　　年　月日		付款单位签章 　　　　　　年　月日	

　　　　　　　　　　　　×× 年 × 月 × 日
　　　　　　　　　　　　×× 有限责任公司

业务员催款技巧

企业的应收账款能不能收回来，主要取决于欠款方的经营情况；而能不能顺利、和气地收回应收账款，还与本企业业务员的催收能力有关。业务员催收能力强，比如有一定的催款技巧，就可以在收回应收账款的过程中既不损害交易双方的合作关系，也能快速地收回货款，是比较理想的应收账款回款状态。那么，业务员可以利用的催款技巧或者结账技巧有哪些呢？

（1）摆正催款心态，拒绝"讨好"欠款者

业务员代表企业作为债权方要求债务方支付货款，这本身就是一件天经地义的事情，所以业务员在与欠款方交流时，应坚定自己的态度，摆出欠款方需要支付货款的事实，大胆开口，理直气壮。切忌碍于面子或人情而显示出一副"讨好"客户的样子。要时刻谨记，购销活动中买卖双方都是平等的，应该相互尊重，相互支持。

（2）事前做好欠款风险等级评估，制定催收方案

由于各位客户的实际情况是不一样的，因此其偿债能力也有差异。为了使催款工作更顺利，业务员要针对不同的客户采取不同的催款策略，而获取不同催款策略的前提就是要先对企业的客户进行欠款风险等级评估，然后分别制定催收方案。比如对于偶尔拖欠货款的客户再次欠款如何催收，对于经常拖欠货款的客户再次欠款又如何催收等。

（3）了解客户欠款原因，切忌当场与客户争吵甚至翻脸

有时，客户确实是没有资金用于偿付前欠货款，即使业务员使出浑身解数也是无法收到款项的。为了不浪费时间，业务员在对客户进行款项催收前，应了解客户拖欠货款的真正原因，是有钱不想付的故意拖欠？还是没钱付不了的无奈之举？或者是对产品或服务有不满导致不想付款等。业务员根据这些拖欠货款的原因，找准催收的切入点，分情况进行催收。比如对有钱不想付的故意拖欠，可态度强硬地提出购销合同中的条款，向其清楚地说明故意拖欠货款的严重后果，让其自己思量其中的利害；对于当下确实没钱实在无法偿付货款的人，业务员可向企业领导申请对这样的客户实施延长付款。

无论是哪种情况，业务员在向客户催收货款时，一定不能言语过激，不能与客户发生争吵，更不能当场与客户翻脸，这对后续的催账工作没有一丝好处。

（4）根据客户还款意愿的强烈程度规划到访时间

业务员可了解各位客户前期偿还欠款的态度，判断其还款意愿的强烈程序。对于还款干脆的客户，业务员要在约定的时间准时赴约，且尽早上门催款，避免客户以"我等了这么久，你都没来，浪费了我的时间，我现在还有其他重要的事情要办，下次再付款吧"的理由拒付。对于还款不干脆的客户，业务员须在约定时间之前就去等候，或先向客户打电话告知行程，催促客户落实还款事宜。

（5）催收困难时可采取分批收款的方式催收

有些货款数额较大的客户，因为资金周转或其他原因确实无法一次性偿还所有欠款的，业务员可向企业领导申请准予客户分批支付，毕竟收到一笔货款就减少一笔欠款，直接为企业降损。但是，对于货款数额本身就不大，评估客户经济实力认为其可以一次性付清的，切忌向其提出分批收款的还款方式，这么做容易置我方于妥协的境地，后续款项的催收工作会变得更加艰难。换句话说，分批收款的催收方式要视具体情况而定，灵活运用。

工作中还有其他一些账款催收技巧，这里不再一一详述。最关键的一点，业务员要牢记，账款催收是一项需要坚持的工作，对待每一位欠款客户时，切记不能半途而废，一旦中途让欠款客户感觉到有放松催收的意图，就可能使客户一而再再而三地拖欠货款。

第 **5** 章

常见的支付和结算手段

在企业日常经营活动中，款项的收支方式有很多种，财务上专业的说法叫作"支付与结算手段"。作为销售业务员，肯定会涉及款项的收取；作为采购业务员，也会涉及款项的支付。哪种支付结算手段是企业正在使用的，不同的结算方式有什么区别等，这些知识对业务员来说是需要了解的。

认识支付和结算的六大手段

在我国，企业开展经济活动、交易货款时，主要的支付结算手段有 6 个，每个手段又有细分的支付结算方式，见表 5-1。

表 5-1　支付结算的六大手段

手　段	具体种类	概　述
汇票	银行汇票	指由出票银行签发的，由其在见票时按照实际结算金额无条件付给收款人或持票人的票据结算方式
	商业汇票	指由出票人（买方或卖方）签发的，委托付款人在指定日期无条件支付确定的金额给收款人或持票人的票据结算方式
银行本票	定额银行本票	指由出票银行签发的，预先印有固定面额的，承诺自己在见票时无条件支付确定的金额给收款人或持票人的票据结算方式
	不定额银行本票	指由出票银行签发的，无固定面额的，承诺自己在见票时无条件支付确定的金额给收款人或持票人的票据结算方式
支票	现金支票	指支票上印有"现金"字样的支票
	转账支票	指支票上印有"转账"字样的支票
	普通支票	指支票上未印有"现金"或"转账"字样的支票
	划线支票	指在普通支票左上角划两条平行线的支票
汇兑	电汇	指通过电报办理汇兑的汇兑方式
	信汇	指汇款人向银行提出申请，同时交存一定金额和手续费，汇出行将信汇委托书以邮寄方式寄给汇入行，授权汇入行向收款人解付一定金额的汇兑结算方式

续表

手　段	具体种类	概　述
委托收款	异地委托收款	指由收款单位提供收款依据，委托开户银行向异地付款单位收取款项的一种结算方式
	同城委托收款	指由收款单位提供收款依据，委托开户银行向同城付款单位收取款项的一种结算方式
信用证	—	这里的信用证主要指国内信用证，是银行依照申请人的申请开立的、对相符交单予以付款的承诺。在我国，信用证专门指以人民币计价、不可撤销的跟单信用证

银行汇票的内容和特点是什么

只是从概念上认识银行汇票，对业务员来说可能也没有真正了解什么是银行汇票。那么，我们再从银行汇票的内容和特点来认识它。

（1）银行汇票的内容

银行汇票是一种见票即付的票据，也是一种自付票据，由出票银行在见到银行汇票时自行按照实际结算金额向收款人或持票人结算款项。先来了解银行汇票的基本当事人。

◆ **出票人**：签发汇票的银行。

◆ **收款人**：从银行提取汇票所汇款项的单位和个人。收款人可以是汇款人本身，也可以是与汇款人有商品交易往来或汇款人要与之办理结算的人。

◆ **付款人**：是负责向收款人支付款项的银行。出票人和付款人可以是同一个银行，也可以是不同的银行。

然后需要了解的是银行汇票的必须记载事项，共7项：①表明“银行汇票”的字样；②无条件支付的承诺；③出票金额；④付款人名称；⑤收款人名称；⑥出票日期；⑦出票人签章。欠缺这些事项中的其中一项，银行汇票都无效。图5-1是常见的银行汇票正面样式。

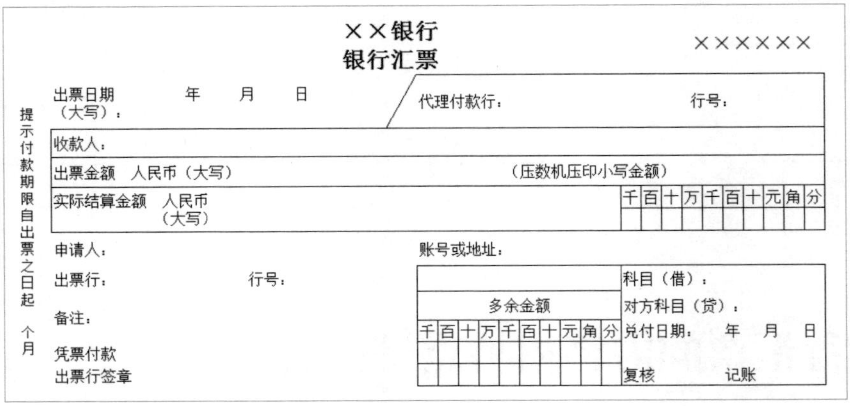
××银行
银行汇票　　××××××
提示付款期限自出票之日起　个月
出票日期（大写）：　年　月　日　　代理付款行：　　行号：
收款人：
出票金额　人民币（大写）　　（压数机压印小写金额）
实际结算金额　人民币（大写）　　千 百 十 万 千 百 十 元 角 分
申请人：　　账号或地址：
出票行：　　行号：　　科目（借）：
备注：　　多余金额　　对方科目（贷）：
千 百 十 万 千 百 十 元 角 分　　兑付日期：　年　月　日
凭票付款
出票行签章　　复核　　记账

图5-1　银行汇票正面

（2）银行汇票的特点

在众多结算方式中，银行汇票具有其自身特点，具体内容如下。

- **适用范围广**：在异地结算业务中，银行汇票是目前使用较为广泛的一种结算方式，不仅适用于在银行开户的单位、个体工商户和个人，也适用于没有在银行开立账户的个体工商户和个人。凡是各企事业单位、个体工商户和个人需要在异地进行商品交易、劳务供应和其他经济活动及债权债务结算的，都可适用银行汇票。
- **票随人走，钱货两清**：购货单位交款、银行开票、票随人走；购货单位购货给票，销售单位验票发货，一手交票，一手交货；银行见票付款。
- **信用度高，安全可靠**：银行汇票是先由汇款人向出票银行汇入款项，然后出票银行才签发的支付凭证，所以信用度较高，银行能保证支付。另外，如果汇票丢失且确实属于现金汇票，则汇款人还可向银行办理挂失，填明收款单位或个人后，银行可以协助防止款项被他人冒领。

◆ **使用灵活，适应性强**：银行汇票可以背书转让，持票人可以将汇票背书转让给销货方，也可通过银行办理分次支取或转让。

◆ **结算准确，余款可自动退回**：银行汇票按实际结算金额给付，如果前期开出的银行汇票票面金额超过了实际结算金额，则多余金额由出票银行退还给申请人（一般为付款单位的银行账户）。

银行汇票怎么用

银行汇票既可以用于转账，也可以用于支取现金，用于支取现金的银行汇票需填明"现金"字样。实际使用银行汇票时，需经过申请、签发、交付和提示付款等环节，还有一些特殊环节是在发生特殊情况时才存在。

（1）申请

需要用到银行汇票的申请人，向出票银行填写"银行汇票申请书"，填写收款人名称、汇票金额、申请人名称、申请日期等信息并签章（为申请人预留银行的签章）。填写申请书时的相关注意事项见下一小节的内容。

（2）签发并交付

出票银行受理申请人的"银行汇票申请书"并收妥款项后，签发银行汇票，并将银行汇票和解讫通知一起交给申请人。申请人将银行汇票和解讫通知一起交付给汇票上记载的收款人。签发银行汇票时的注意事项见下一小节内容。

（3）受理

收款人收到申请人交付的银行汇票后，要受理银行汇票，受理时需审查表 5-2 所列事项。

表 5-2　收款人受理银行汇票时需审查的事项

条　目	审查事项
1	看银行汇票和解讫通知是否齐全、汇票号码和记载的内容是否一致
2	看收款人是否确为本单位或本人
3	看银行汇票是否在提示付款期限内
4	看必须记载的事项是否齐全
5	看出票人签章是否符合规定，大小写出票金额是否一致
6	看出票金额、出票日期和收款人名称等是否有更改，更改的其他记载事项是否由原记载人签章证明

（4）背书

如果银行汇票的收款人想要将票据转让给其他单位或个人，需要在银行汇票的背面背书，填明被背书人名称或姓名，然后被相应位置签章。以后各票据持有人想要转让该票据的，以同样的方法进行背书转让。背书时需要注意的问题见下一小节内容。

知识延伸 | 被背书人受理银行汇票时需要审查的事项

1.按照收款人接受银行汇票时进行的审查对相同的项目进行审查。

2.看银行汇票是否记载实际结算金额，金额有无更改，金额是否超过出票金额。

3.看背书是否连续，背书人签章是否符合规定，背书使用粘单的是否已经按规定签章。

4.背书人为个人的，要审查其个人身份证件。

（5）提示付款

在银行开立了存款账户的持票人向开户银行提示付款时，应在汇票背面"持票人向银行提示付款签章"处签章，并同时提交银行汇票、解讫通知和进账单给开户银行，缺少任何一联，银行都不予受理。未在银行开立存款账户的个人持票人，可以向任何一家银行机构提示付款，提示付款时应在汇票背面"持票人向银行提示付款签章"处签章，并填明本人身份证件名称、号码和发证机关，由本人向银行提交身份证件及其复印件。

银行汇票有严格的提示付款期限，自出票日起 1 个月内。相关注意事项见下一小节内容。

（6）退款和丧失

首先需要业务员了解的是，银行汇票的"退款和丧失"事宜只需与出票银行打交道，代理付款银行跟这两类事宜无关。

在使用银行汇票的过程中，申请人很可能申请退款，比如银行汇票超过付款提示期限，或者其他原因。申请退款时，申请人应将银行汇票和解讫通知一并提交给出票银行。如果申请人为单位，还应出具本单位的证明；申请人为个人，还应出具本人的身份证件。

如果要求退款的银行汇票是代理付款银行查询到的，则退款事宜的办理要在汇票提示付款期满后才能进行。如果申请人要求退款时缺少解讫通知，则出票银行应在银行汇票付款期满的 1 个月后办理退款事宜。

银行汇票的丧失包括损毁和丢失。如果银行汇票丧失，失票人可凭借人民法院出具的其享有票据权利的证明，向出票银行请求付款或退款。

银行汇票的使用注意事项

业务员要知道，银行汇票在使用过程中，不同环节都有需要注意的问题，只有明确了这些注意事项，银行汇票的使用才可能不会出错。表 5-3 是银行汇票使用中各个环节需要注意的事项。

表 5-3　使用银行汇票需要注意的事项

环　　节	注意事项
申请	申请人和收款人均为个人，需要使用银行汇票向代理付款人支取现金的，申请人须在"银行汇票申请书"上填明代理付款人名称，在"出票金额"栏先填写"现金"字样，后填写汇票金额。申请人或收款人为单位的，不得在"银行汇票申请书"上填明"现金"字样
签发	1. 欠缺必须记载事项中的其中一项的银行汇票均无效 2. 签发现金银行汇票的，申请人和收款人必须都是个人，出票银行收妥申请人交存的现金后，在银行汇票"出票金额"栏先填写"现金"字样，后填写出票金额，并填写代理付款人名称。申请人或收款人为单位的，银行不得为其签发现金银行汇票 3. 银行汇票的实际结算金额一经填写不得更改，更改实际结算金额的银行汇票无效
受理	没有填明实际结算金额和多余金额，或者实际结算金额超出票金额的银行汇票，银行不予受理
背书	1. 银行汇票的背书转让要以不超过出票金额的实际结算金额为准 2. 没有填写实际结算金额或实际结算金额超过出票金额的银行汇票不得背书转让 3. 现金银行汇票不得背书转让
提示付款	1. 持票人超过付款期限提示付款的，代理付款人（一般是银行）不予受理 2. 持票人超过期限向代理付款银行提示付款却不获付款的，必须在票据权利时效内向出票银行做出说明，同时提供本人身份证件或单位证明，持银行汇票和解讫通知向出票银行请求付款

续表

环　　节	注意事项
退款和丧失	出票银行针对转账银行汇票办理的退款事宜，所退款型只能转入原申请人的银行账户；对于符合规定填明"现金"字样的银行汇票的退款，出票银行才能退付现金

什么是银行本票

在我国，本票仅限于银行本票，即银行出票、银行付款。银行本票是一种自付票据，银行见票即付。这种支付结算手段的基本当事人有两个。

◆ **出票银行**：即开具银行本票的银行。

◆ **收款人**：从银行提取本票金额的单位和个人。

单位和个人在同一票据交换区域需要支付各种款项的，都可以使用银行本票。它既可以用于转账，也可以用于支取现金。用于支取现金的银行本票会在票面上的相应位置注明"现金"字样。

除了根据"转账"和"现金"来划分银行本票外，从票面金额是否固定也可划分银行本票的类型，主要有定额银行本票和不定额银行本票之分。

◆ **定额银行本票**：票面上预先印有固定面额的本票，具体有1 000.00元、5 000.00元、10 000.00元和50 000.00元等面额。

◆ **不定额银行本票**：票面上金额栏是空白的，签发时根据实际需要填写金额（起点金额为100.00元），并用压数机压印金额的银行本票。

和银行汇票一样，银行本票也有其自身的必须记载事项，包括这6项：①表明"银行本票"的字样；②无条件支付的承诺；③确定的金额；④收款人名称；⑤出票日期；⑥出票人签章。欠缺这些事项中的任意一项，银行本票无效。图 5-2 是银行本票的样式。

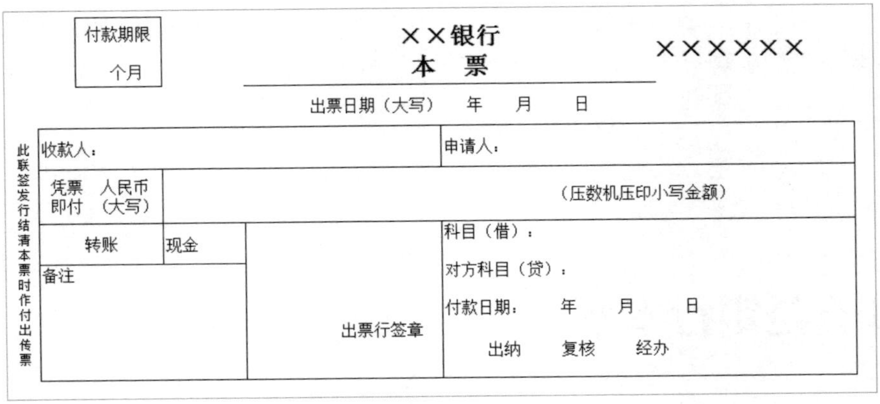
付款期限 个月

××银行
本 票

××××××

出票日期（大写） 年 月 日

此联签发行结清本票时作付出传票

收款人：		申请人：	
凭票即付 人民币（大写）		（压数机压印小写金额）	
转账	现金		科目（借）： 对方科目（贷）： 付款日期： 年 月 日 出纳 复核 经办
备注		出票行签章	

图 5-2 银行本票

与其他结算票据相比，银行本票具有表 5-4 所列的几个特点。

表 5-4 银行本票的特点

特 点	描 述
使用方便	在我国，企业、单位、个体工商户和个人等，无论其是否在银行开立存款账户，他们之间只要在同城范围内进行商品交易、劳务供应和其他款项结算，都可以使用银行本票，且银行见票即付，结算迅速，使用起来非常灵活、方便
信誉度高且支付能力强	使用银行本票进行结算时，银行在见票时无条件支付，一般不存在票款得不到兑付的问题，因此信誉度较高，支付能力较强
不予挂失	由于银行本票流动性极强，其安全性受到一定威胁，所以丢失时银行方面是不予挂失的。一旦遗失或被盗导致本票款项被人冒领，后果由银行本票持有人自行承担。这就要求持有人要妥善保管好票据
适用范围窄	银行本票只能在同一票据交换区域内使用，不同票据交换区域的单位和个人发生商品交易、劳务供应等经济活动而需要结算款项的，不能使用银行本票

银行本票与银行汇票有何区别

　　了解了银行本票和银行汇票，业务员还有必要清楚两者之间的区别，这样有利于在日常工作中更好地运用这两种不同的票据进行款项结算。表 5-5 是这两种票据的对比情况。

表 5-5　银行本票与银行汇票的区别

对比项	银行本票	银行汇票
基本当事人不同	只有两个，出票人和收款人	有 3 个，出票人、付款人和收款人
适用地域不同	同一票据交换区域	异地票据交换区域和同地票据交换区域均适用
提示付款期限不同	自出票日起最长不得超过 2 个月	自出票日起 1 个月内
支付时金额不同	按照确定的金额支付	按照实际结算金额为准支付
付款人不同	付款人为出票银行，且付款人名称不是必须记载事项	付款人为代理付款银行，付款人名称是必须记载事项

　　根据表5-5中的内容，可进行简单的分析。虽然银行汇票的适用范围更广，可能很多交易者会更多地使用这类票据进行款项结算。但它的提示付款期限比银行本票短，很可能使持票人错过提示付款期，引起不必要的麻烦，这么看来，似乎选择银行本票对持票人来说更有利。但银行本票又只能在同一票据交换区域内使用，范围有限。因此，到底哪一种票据在实际经营活动中使用得更多，不能绝对地做出评判，还是需要交易者们根据自身实际情况而定。

了解银行本票的使用规范

要真正了解银行本票，还需要了解它的使用规范。从其使用环节入手，包括申请、签发并交付、受理和提示付款等，使用过程中发生特殊操作时也会产生特殊环节。

（1）申请

购货方如果要使用银行本票进行款项结算，就要作为申请人向银行填写"银行本票申请书"，提出申请使用银行本票，要填明申请人名称、收款人名称、支付金额和申请日期等事项并签章。

如果申请人和收款人均为个人，且需要支取现金，则申请人应在"银行本票申请书"的"金额"栏内先填写"现金"字样，再填写支付金额。

（2）签发

需要业务员知道的是，银行在为申请人签发银行本票之前，必须先由申请人将款项交存银行。当出票银行受理了申请人的"银行本票申请书"并收妥款项后，就签发银行本票交给申请人。

注意，申请人或收款人为单位的，银行不得为其签发现金银行本票，换句话说，只有当申请人和收款人均为个人的时候，银行才能为其签发现金银行本票。

（3）交付和受理

拿到银行本票的申请人要将银行本票交付给本票上记载的收款人，而收款人受理银行本票时，应着重审查表 5-6 所列事项。

表 5-6　收款人受理银行本票时应审查的事项

条　目	审查事项
1	看收款人是否确为本单位或本人
2	看银行本票是否在提示付款期限内
3	看本票的必须记载事项是否齐全
4	看出票人签章是否符合规定，大小写出票金额是否一致
5	看出票金额、出票日期和收款人名称等是否有更改痕迹，更改的其他记载事项是否有原记载人签章证明等

（4）背书

银行本票上记载的收款人，可以根据业务需要，将持有的本票背书转让给被背书人。具体的背书规则可参考银行汇票的背书操作，这里不再赘述。

被背书人在受理银行本票时，需要对下列事项进行严格审查。

◆　按照收款人接受银行本票时进行的审查对相同的项目进行审查。

◆　看背书是否连续，背书人签章是否符合规定，背书使用的粘单是否按规定签章。

◆　看本票上的大小写金额是否一致，金额是否正确。

◆　背书人为个人的，要审查其个人身份证件。

注意，如果银行本票的签发人在本票的正面注明有"不得转让"字样，则这样的本票不能背书转让。实务中，本票的第一手背书人（即本票的收款人）也可以在背书时注明"不得转让"字样，以禁止后手再转让本票。

（5）提示付款

在银行开立有存款账户的持票人向开户银行提示付款时，应在银行本票背面"持票人向银行提示付款签章"处签章（签章必须与持票人预留银行签章相同），并将银行本票、进账单送交开户银行。开户银行见票必须承担付款责任，审核无误后办理转账。

如果持票人是未在银行开立存款账户的个人，则凭注明"现金"字样的银行本票向出票银行支取现金，并在银行本票背面"持票人向银行提示付款签章"处签章，记载本人身份证件名称、号码及发证机关，并交验本人身份证件及其复印件。

业务员需要了解的是，在该环节，银行本票的使用需要注意以下两点。

◆ 银行本票有提示付款期限，自出票日起最长不得超过两个月。

◆ 持票人超过提示付款期限不获付款的，在票据权利时效内向出票银行做出说明，并提供本人身份证件或单位证明，可持银行本票向出票银行请求付款。

（6）退款和丧失

与银行汇票类似，当银行本票超过提示付款期限或者存在其他原因时，可能申请人会要求退款。如果申请人要求退款，应将银行本票提交给出票银行。申请人为单位的，还应出具单位的证明；申请人为个人的，还应出具本人的身份证件。

如果退款申请人是在出票银行开立有存款账户的单位或个人，则银行只能将款项转入原申请人的银行账户；如果是现金银行本票申请退款，或者是没有在出票银行开立存款账户的申请人申请退款，则银行可以退付现金。

如果银行本票不小心损毁了，或者被盗窃了，即本票丧失，则失票人可凭人民法院出具的其享有票据权利的证明，向出票银行请求付款或退款。但要注意，针对银行汇票，银行是不予以办理挂失的。

什么是支票

支票指出票人签发的、委托办理支票存款业务的银行在见票时无条件支付确定的金额给收款人或持票人的票据。因此，支票是一种委付票据，同时也是一种见票即付的票据。业务员要了解什么是支票，首先来认识支票的 3 个基本当事人。

- **出票人**：即存款人，是在批准办理支票业务的银行机构开立了可以使用支票的存款账户的单位和个人。
- **付款人**：是出票人的开户银行。
- **收款人**：是从银行提取支票金额的单位和个人，准确地说是支票上记载的收款人。收款人可以是出票人。

支票主要分为现金支票、转账支票和普通支票，但还有一类叫作"划线支票"。在本章第一个小节中已经介绍了这些支票的特点，这里说明一下它们的用途。现金支票只能用于支取现金，且不得背书转让；转账支票只能用于转账；普通支票既可以用来支取现金，也可以用来转账；划线支票只能用于转账。

在我国，支票有如下两个特点。

- 支票的付款人比较特殊，必须是有支票存款业务资格的银行或非银行金融机构。
- 支票没有承兑制度，因此只有即期支票。

作为一种常见的支付结算手段，支票也有其自身的必须记载事项，主要有这 6 项：①表明"支票"的字样；②无条件支付的委托；③确定的金额；

④付款人名称；⑤出票日期；⑥出票人签章。欠缺这些事项中的任意一项，支票无效。图 5-3 是常见的支票样式。

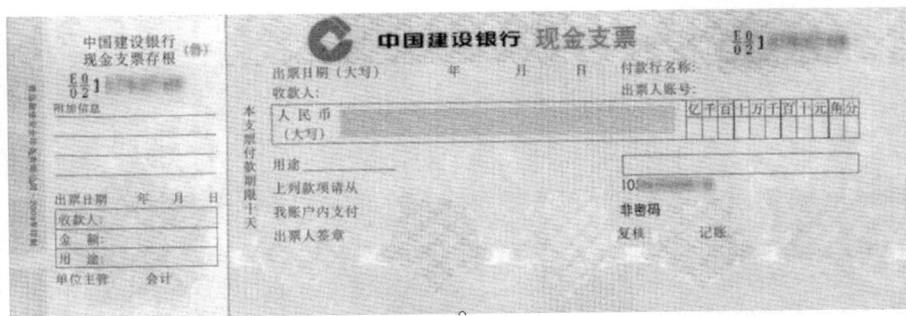

图 5-3　支票

与其他结算票据不同的是，支票还存在"授权补记事项"。支票的金额和收款人名称，这两项是支票的授权补记事项，可由出票人授权补记。其中，因为支票的金额是必须记载事项，所以只能由出票人授权收款人就支票金额进行补记，收款人以外的其他人不得补记。而支票的收款人不属于必须记载事项，出票人既可以授权收取支票的相对人补记，也可由相对人再授权其他人进行补记。

另外，各种支付结算票据都有相对记载事项，支票也不例外，它指我国《票据法》规定应该记载而没有记载，适用法律的有关规定而票据不失效的事项。支票的相对记载事项主要有两项：①付款地，支票上未记载付款地的，付款人的营业场所为付款地；②出票地，支票上未记载出票地的，出票人的营业场所、住所或经常居住地为出票地。

知识延伸｜什么是空头支票

空头支票指不能兑现（即不能取到钱）的支票，具体指出票人签发的支票金额超过其付款时在付款人（即出票人的开户银行）处实有的存款金额的支票。任何单位和个人签发空头支票的，均会根据情节的轻重受到对应的处罚。

如何使用支票

无论是哪一种类型的支票，其适用范围是全国通用，不同票据交换区域的单位和个人发生商品交易、劳务提供等也可使用支票进行款项结算。

单位和个人在使用支票时，也有明显的环节划分。业务员也可从这些使用环节入手了解支票的使用规范。

（1）开立支票存款账户

需要使用支票的单位或个人，在申请使用支票前必须先选择银行并开立支票存款账户。申请人必须使用单位全称或本名，提交证明身份的合法证件，预留其公司印章或者本人的签名式样和印鉴。如果申请人事先已经开立了支票存款账户，则可省略该环节。

（2）出票

银行受理申请人的支票使用申请，审核提供的资料无误后，签发支票交给申请人。在签发支票的环节，业务员需要了解的注意事项有表 5-7 所列的两点。

表 5-7　签发支票的注意事项

条　目	注意事项
1	出票人签发的支票金额不得超过其付款时在付款人（即出票人的开户银行）处实有的存款金额
2	出票人不得签发与其预留签名式样或印鉴不符的支票。出票人为单位的，出票人签章为与该单位在银行预留签章一致的财务专用章或公章加其法定代表人或其授权代理人的签名或盖章；出票人为个人的，出票人签章为与该个人在银行预留签章一致的签名或盖章

（3）提示付款

支票也有提示付款期限，自出票日起 10 日内。提示付款的途径有两种：一是持票人委托开户银行收款，二是直接向付款人提示付款。每种途径的操作会有不同，具体见表 5-8。

表 5-8　支票的提示付款操作

途 径	情 形	操 作
持票人委托开户银行收款	—	持票人应作委托收款背书，在支票背面背书人签章栏签章，并记载"委托收款"字样和背书日期，在被背书人栏记载开户银行名称，将支票和填制的进账单送交开户银行
直接向付款人提示付款	持票人持转账支票向付款人提示付款	持票人应在支票背面背书人签章栏签章，并将支票和填制的进账单送交给出票人的开户银行（即支票的付款人）
	收款人持现金支票向付款人提示付款	由于现金支票不得背书转让，因此只可能由收款人持现金支票提示付款。收款人应在支票背面"收款人签章"处签章，并将支票和填制的进账单送交出票人的开户银行

注意，无论是哪种途径下的提示付款，如果收款人或持票人为个人，则还需交验本人身份证件，并在支票背面注明证件名称、号码及发证机关。

（4）付款

出票人必须按照签发的支票金额承担保证向持票人或收款人付款的责任。如果出票人在付款人处的存款足以支付支票金额，则付款人应在见票当日足额付款。

付款人已经依法支付支票金额的，付款人对出票人不再承担受托付款的责任，对持票人或收款人也不再承担付款责任，但付款人以恶意或有重大过失付款的除外。

（5）丧失

业务员要明白，不是所有的支票在丧失后都可以进行挂失申请的。只有已经签发的普通支票和现金支票，因遗失、被盗等原因丧失时，相关当事人才可向银行申请挂失。不同身份的当事人丧失支票，其挂失操作是不同的，具体内容如下：

◆ 出票人将已签发的内容齐全的可直接支取现金的支票遗失或被盗。

出票人需按照如图 5-4 所示的操作步骤进行挂失止付。

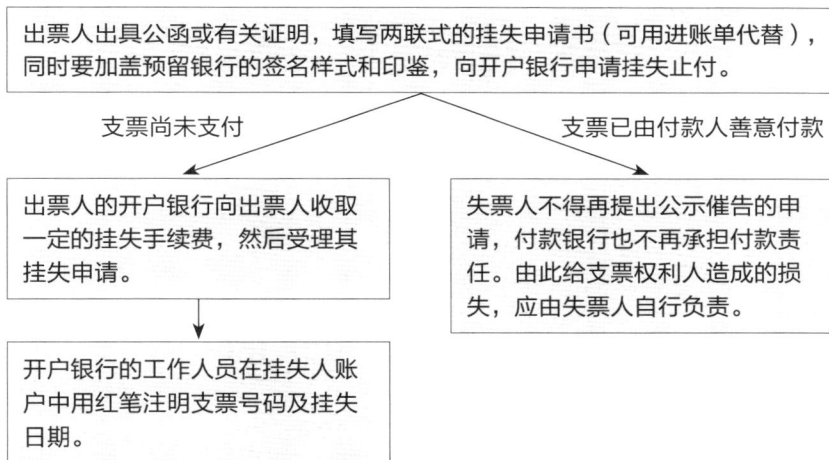

图 5-4　出票人遗失支票或被盗的挂失止付流程

◆ 收款人将收受的可直接支取现金的支票遗失或被盗。

收款人可根据图 5-4 所示的挂失止付流程到自身开户银行申请挂失止付。另外，失票人还要在银行通知挂失止付后的 3 个月内，或者在票据丧失后，依法向人民法院申请公示催告，或者向人民法院提起诉讼。

注意，可以背书转让的转账支票被盗、遗失或灭失的，失票人不能进行挂失止付申请，应以书面形式向票据支付地（即付款地）的基层人民法院提出公示催告申请。向人民法院提交申请书，并写明票据类别、票面金额、出票人、付款人和背书人等票据主要内容，还要说明支票丧失的情形，同时递交有关证据，以证明自己确实是丧失票据的持票人，自己有权提出申请。

但如果转账支票在申请公示催告前就已经由付款人善意付款了，则失票人不能提出公示催告申请，付款银行不再承担付款责任，因此给支票权利人造成的损失，应由失票人自行负责。

知识延伸｜开支票给对方需要对方哪些信息

根据支票的票面信息可知，公司在开支票给对方时，需要对方的信息只有收款人名称。收款人为单位的，为公司全称；收款人为个人的，为其身份证上的姓名。另外还需要注意的是，如果公司的业务涉及大额现金的收取，且对方承诺开出支票，则只能接受对方开具的转账支票。

业务中可能涉及的商业汇票类型

在本章第一小节我们已经了解了商业汇票的概念，即什么是商业汇票，接下来需要业务员学习的是商业汇票的类型。不同类型的商业汇票，其票面样式和基本当事人身份等有差异。一般来说，商业汇票可按照承兑人的不同进行种类划分，分为商业承兑汇票和银行承兑汇票两大类。

无论是哪一种商业汇票，都是委付票据，并且按照指定日期付款，也就是说，它不是见票即付的票据，而是远期汇票。

（1）商业承兑汇票

商业承兑汇票指承兑人为银行以外的付款人的商业汇票，其基本当事人为出票人、付款人和收款人。

- ◆ **出票人：** 各种需要使用商业承兑汇票的工商企业，可以是付款人签发，也可以是收款人签发。
- ◆ **付款人：** 需要向销售方（即收款人）支付货款的单位。
- ◆ **收款人：** 实际收取商业承兑汇票金额的单位。

业务员要牢记，个人是不能使用商业汇票进行款项结算的，无论是商业承兑汇票还是银行承兑汇票。

除此以外，商业承兑汇票还有其他当事人，内容如下。

- ◆ **主债务人：** 付款人，即商业承兑汇票的出票人。
- ◆ **承兑人：** 付款人，同上。

商业承兑汇票和银行承兑汇票的主债务人，分别是各自的承兑人。图 5-5 为常见的商业承兑汇票样式。

商业承兑汇票　　××××××

出票日期（大写）　　年　月　日

付款人	全　称		收款人	全　称	
	账　号			账　号	
	开户银行			开户银行	
出票金额	人民币（大写）				亿 千 百 十 万 千 百 十 元 角 分
汇票到期日（大写）			付款人开户行	行号	
交易合同号码				地址	
本汇票已经承兑，到期无条件支付票款。 承兑人签章 承兑日期　年　月　日			本汇票请予以承兑，并于到期日付款。 出票人签章		

图 5-5　商业承兑汇票

（2）银行承兑汇票

银行承兑汇票指承兑人为银行的商业汇票，其基本当事人也是出票人、付款人和收款人。这些人的身份与商业承兑汇票的相同，不同的是其他当事人的身份。

◆ **主债务人**：银行承兑前，为付款人，即银行承兑汇票的出票人；银行承兑后，为银行。

◆ **承兑人**：付款人的开户银行。

图 5-6 为常见的银行承兑汇票样式。

银行承兑汇票				××××××

银行承兑汇票　　　　　　××××××

出票日期（大写）　　　年　　月　　日

出票人全称		收款人	全　称	
出票人账号			账　号	
付款行全称			开户银行	
出票金额	人民币（大写）		亿 千 百 十 万 千 百 十 元 角 分	
汇票到期日（大写）		付款行	行号	
承兑协议编号			地址	

本汇票请你行承兑，到期无条件支付票款。　　　本汇票已经承兑，到期日由本行付款。　　密押

出票人签章

承兑日期　　　　年　月　日	备注：	复核　　记账

图 5-6　银行承兑汇票

注意，商业承兑汇票和银行承兑汇票一般都是一式三联，并且在票据的右侧会注明当前联次的用途，这里展示的票样省略了此处内容。

知识延伸 | 电子商业汇票也分商业承兑和银行承兑

商业承兑汇票和银行承兑汇票分别有自己的电子汇票形式，统称为电子商业汇票，它指出票人依托上海票据交易所电子商业汇票系统，以数据电文形式制作的，委托付款人在指定日期无条件支付确定的金额给收款人或持票人的票据。

电子商业承兑汇票由金融机构以外的法人或其他组织承兑；电子银行承兑汇票由银行业金融机构、财务公司承兑。

商业汇票也有必须记载事项，包括这 7 项：①表明"商业承兑汇票"或"银行承兑汇票"的字样；②无条件支付的委托；③确定的金额；④付款人名称；⑤收款人名称；⑥出票日期；⑦出票人签章。欠缺这些事项中的任意一项，商业汇票无效。其中，"出票人签章"是单位的财务专用章或公章加其法定代表人或其授权的代理人的签名或盖章。

电子商业汇票信息以电子商业汇票系统的记录为准，其必须记载事项有这 9 项：①表明"电子商业承兑汇票"或"电子银行承兑汇票"的字样；②无条件支付的委托；③确定的金额；④出票人名称；⑤付款人名称；⑥收款人名称；⑦出票日期；⑧票据到期日；⑨出票人签章。

商业汇票的用法

商业汇票的使用较复杂，在使用前，首先要确定申请出票的人是否有出票资格，然后才能进行后续的出票、承兑、提示付款、付款、贴现和交易等操作。

（1）出票人要满足出票资格条件

商业承兑汇票的出票人，要是在银行开立了存款账户的法人或其他组织，并且与付款人具有真实的委托付款关系，具有支付汇票金额的可靠资金来源，才能开具商业承兑汇票。

银行承兑汇票的出票人，要是在承兑银行开立存款账户的法人或其他组织，并与承兑银行具有真实的委托付款关系，资信状况良好，具有支付汇票金额的可靠资金来源，才能开具银行承兑汇票。

如果出票人要办理电子商业汇票业务，还应同时具备签约开办对公业务的企业网银等电子服务渠道、与银行签订电子商业汇票业务服务协议。

（2）出票

付款人或收款人向自己的开户银行提出使用商业承兑汇票的申请，或者存款人向承兑银行提出使用银行承兑汇票的申请，经银行审查通过，由银行签发商业汇票交给付款人、收款人或存款人。

（3）承兑

商业汇票可以在出票时向付款人提示承兑后使用，也可在出票后先使用再向付款人提示承兑。大致的承兑流程如图 5-7 所示。

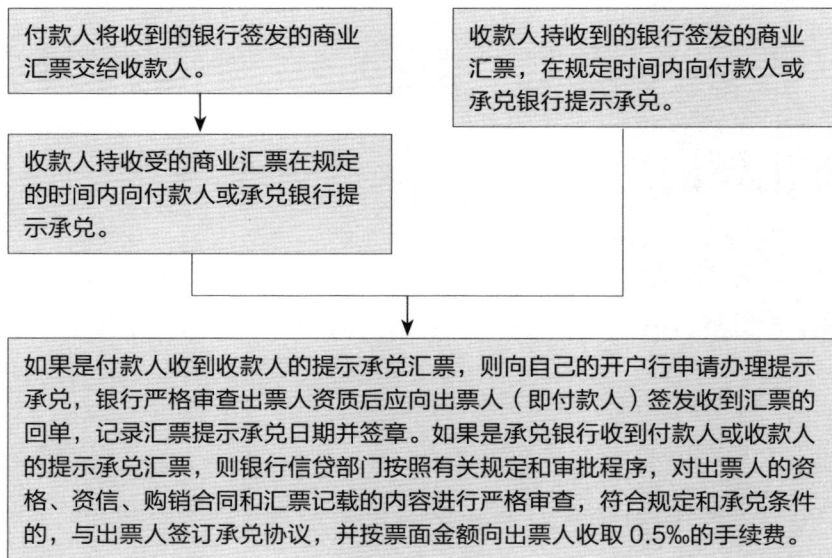

付款人将收到的银行签发的商业汇票交给收款人。

收款人持收到的银行签发的商业汇票，在规定时间内向付款人或承兑银行提示承兑。

收款人持收受的商业汇票在规定的时间内向付款人或承兑银行提示承兑。

如果是付款人收到收款人的提示承兑汇票，则向自己的开户行申请办理提示承兑，银行严格审查出票人资质后应向出票人（即付款人）签发收到汇票的回单，记录汇票提示承兑日期并签章。如果是承兑银行收到付款人或收款人的提示承兑汇票，则银行信贷部门按照有关规定和审批程序，对出票人的资格、资信、购销合同和汇票记载的内容进行严格审查，符合规定和承兑条件的，与出票人签订承兑协议，并按票面金额向出票人收取 0.5‰的手续费。

图 5-7　商业汇票的承兑过程

商业汇票的提示承兑操作是有时间限制的，且不同的汇票有不同的时限，主要分为以下两种。

◆ **定日付款或出票后定期付款的商业汇票：**提示承兑期限是到期日前。

◆ **见票后定期付款的商业汇票**：提示承兑期限为出票日起一个月内。

在商业汇票的承兑环节也有需要注意的事项，具体内容见表 5-9。

表 5-9 商业汇票的承兑环节应注意事项

条 目	注意事项
1	商业汇票的付款人应在收到提示承兑的汇票之日起 3 日内承兑或拒绝承兑 ①做出承兑的，应在汇票正面记载"承兑"字样和承兑日期并签章，且承兑不得附有条件，附有条件的承兑视为拒绝承兑 ②做出拒绝承兑的，必须出具拒绝承兑的证明
2	银行承兑汇票的出票人应在汇票到期前将票款足额交存到期开户银行，而承兑银行应在汇票到期日或到期日后的见票当日支付票款。如果出票人在汇票到期日没有足额交存票款，承兑银行付款后，会对出票人尚未支付的汇票金额按照每天 0.5‰ 计收利息
3	资信良好的企业申请电子商业汇票承兑的，金融机构要通过审查合同、发票等材料的影印件，以及企业电子签名，对企业真实交易关系和债权债务关系进行在线审核
4	电子商务企业申请电子商业汇票承兑的，金融机构需通过审查电子订单或电子发票，对电票的真实交易关系和债权债务关系进行在线审核

（4）付款

在付款环节，商业汇票存在提示付款期限和付款期限。其中，提示付款期限是从汇票到期日起 10 日内，且持票人应在提示付款期内向付款人提示付款；付款期限则会因汇票种类的不同而不同，但无论是哪种类型的汇票，纸质商业汇票的付款期限最长不得超过 6 个月，电子商业汇票的付款期限从出票日至到期日不得超过一年。

◆ **定日付款的汇票**：付款期限从出票日起计算，并在汇票上记载具体的到期日。

◆ **出票后定期付款的汇票**：付款期限从出票日起按月计算，并在汇票上记载具体付款期限。

◆ **见票后定期付款的汇票**：付款期限从承兑或拒绝承兑日起按月计算，并在汇票上记载具体付款期限。

持票人通过不同的途径实施提示付款的，付款操作不同。如果在提示付款期内通过票据市场基础设施提示付款，则流程如图 5-8 所示。

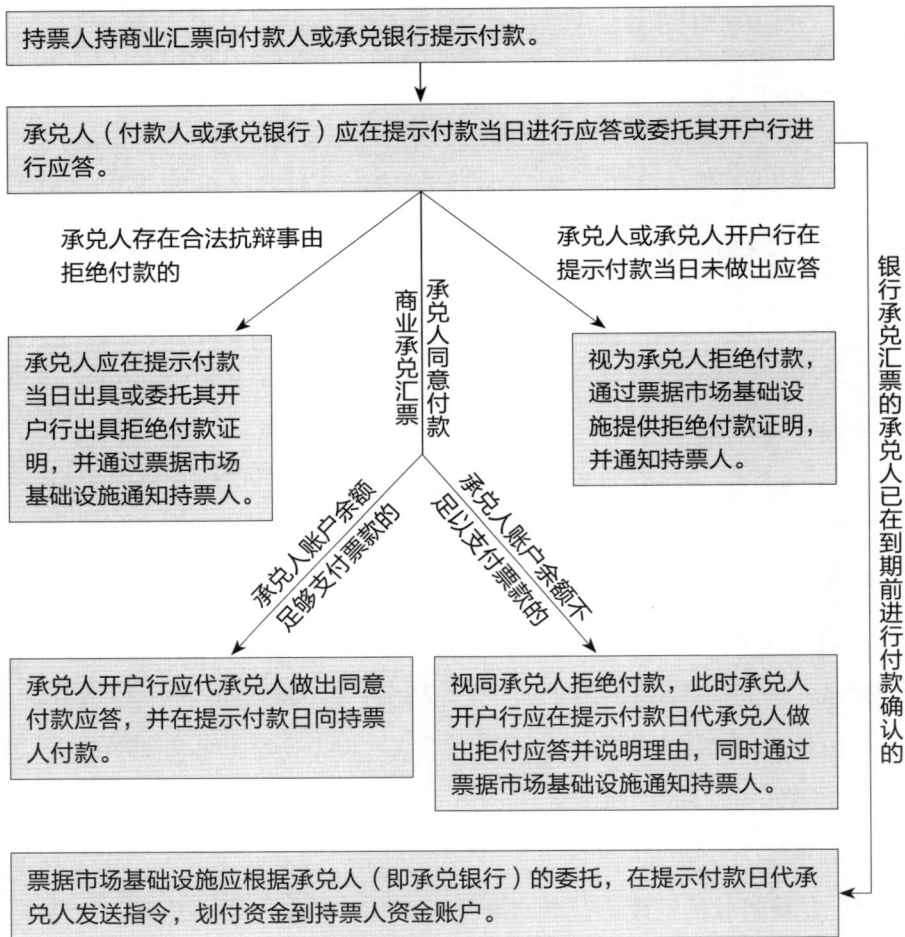

持票人持商业汇票向付款人或承兑银行提示付款。

承兑人（付款人或承兑银行）应在提示付款当日进行应答或委托其开户行进行应答。

承兑人存在合法抗辩事由拒绝付款的

承兑人应在提示付款当日出具或委托其开户行出具拒绝付款证明，并通过票据市场基础设施通知持票人。

商业承兑汇票

承兑人同意付款

承兑人或承兑人开户行在提示付款当日未做出应答

视为承兑人拒绝付款，通过票据市场基础设施提供拒绝付款证明，并通知持票人。

承兑人账户余额足够支付票款的

承兑人账户余额不足以支付票款的

承兑人开户行应代承兑人做出同意付款应答，并在提示付款日向持票人付款。

视同承兑人拒绝付款，此时承兑人开户行应在提示付款日代承兑人做出拒付应答并说明理由，同时通过票据市场基础设施通知持票人。

银行承兑汇票的承兑人已在到期前进行付款确认的

票据市场基础设施应根据承兑人（即承兑银行）的委托，在提示付款日代承兑人发送指令，划付资金到持票人资金账户。

图 5-8　通过票据市场基础设施提示付款的操作流程

如果在提示付款期内，商业汇票的持票人通过其开户银行委托收款或直接向付款人提示付款，付款流程如图 5-9 所示。

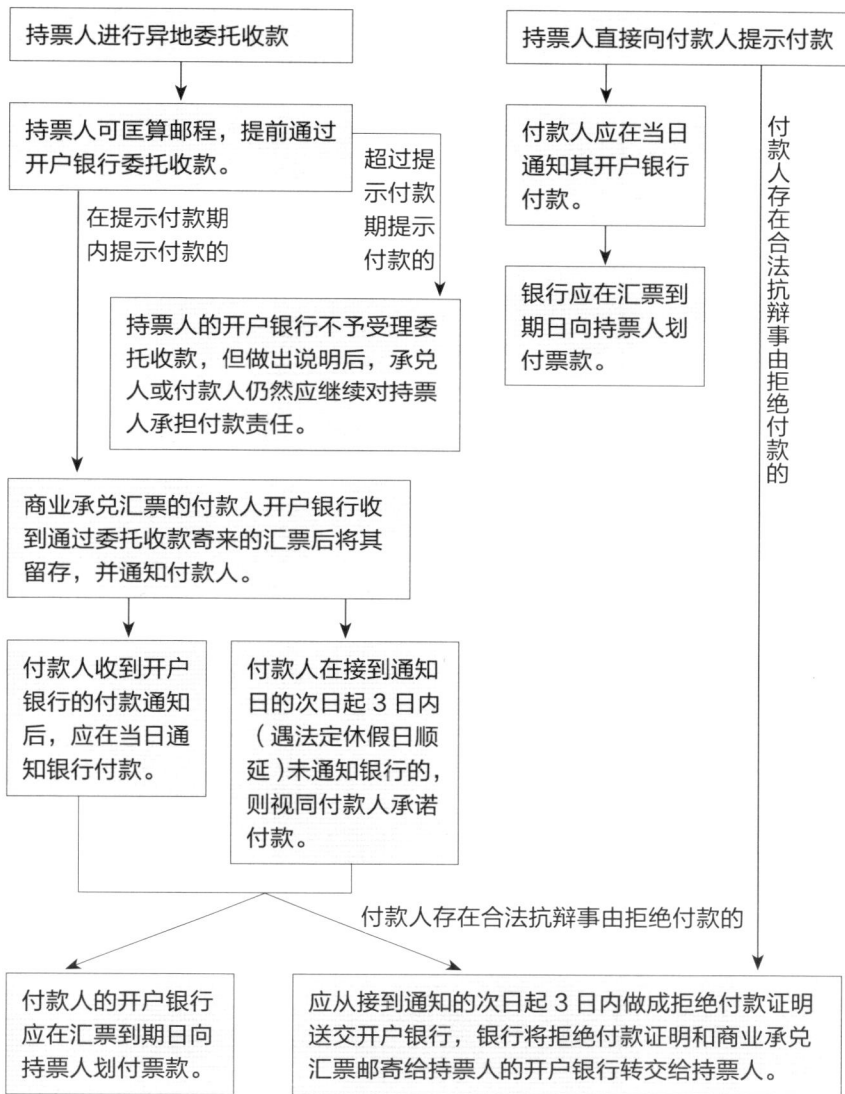

图 5-9 通过开户银行委托收款或直接向付款人提示付款的操作流程

在该流程中，如果持票人是持银行承兑汇票提示付款，则无论采取哪种方式，承兑银行都应在汇票到期日或到期日后的见票当日支付票款。承兑银行存在合法抗辩事由而拒绝付款的，应从接到银行承兑汇票的次日起 3 日内做出拒绝付款证明，连同银行承兑汇票邮寄给持票人的开户银行，再转交给持票人。

（5）贴现

商业汇票的贴现指汇票的持票人在票据未到期前为了获得现金，向银行贴付一定利息而发生的票据转让行为。商业汇票的持票人向银行申请贴现后，符合条件的，由银行办理贴现并收取商业汇票，而银行就因此获得商业汇票的所有权。

关于商业汇票贴现，需要业务员了解的是其贴现条件。商业汇票持票人向银行办理贴现时必须具备下列条件。

◆ 票据未到期。

◆ 票据没有记载"不得转让"事项。

◆ 申请贴现的申请人应该是在银行开立了存款账户的企业法人或其他组织。

◆ 申请贴现的申请人与出票人或直接前手之间应具有真实的商品交易关系。

除此之外，如果是电子商业汇票贴现，还必须在贴现申请书上载明贴现人名称、贴入人名称、贴现日期、贴现类型、贴现利率、实付金额和贴出人签章等信息。

（6）交易

票据交易包括转贴现、质押式回购和买断式回购等。

◆ **转贴现**：指商业汇票的卖出方将未到期的已贴现票据向买入方转让的交易行为。

◆ **质押式回购**：指商业汇票的正回购方在将票据出质给逆回购方融入资金的同时，双方约定在未来某一日期，由正回购方按约定金额向逆回购方返还资金、逆回购方向正回购方返还原出质的商业汇票的交易行为。

◆ **买断式回购**：指商业汇票的正回购方将票据卖给逆回购方的同时，双方约定在未来某一日期，正回购方再以约定价格从逆回购方买回票据的交易行为。

商业汇票的转贴现、质押式回购和买断式回购比较复杂，业务员只需了解相关含义即可。

银行汇票和银行承兑汇票不是一回事

从前面介绍的内容可知，银行汇票和银行承兑汇票不是同一个概念，更不是同一种票据。它们之间存在存在区别见表 5-10。

表 5-10　银行汇票与银行承兑汇票的区别

对比项	银行汇票	银行承兑汇票
出票人	银行	在银行开立了存款账户的企业法人或其他组织
是否承兑	见票即付，不需要承兑	需要承兑
支付方式	付款人先把票款存入银行，银行再签发汇票	即使付款人（即出票人）存入银行账户的钱不足以支付票面金额，银行也会先对收款人足额支付，然后再向付款人追偿
适用范围	不同票据交换区域的单位和个人均可使用	只有在银行开立了存款账户的法人或其他组织之间才能使用

对比项	银行汇票	银行承兑汇票
付款银行	签发汇票的银行	承兑银行
等级	与商业汇票同级、并列关系	隶属于商业汇票，是商业汇票的一种类型
有效期	自出票日起 1 个月内有效	自出票日起在规定时间内有效，这一规定时间最长不超过 6 个月，即最长有效期为 6 个月

因为这两种汇票都是银行信用，所以两者的安全性都较高。

汇兑有哪些类型

汇兑指汇款人委托银行将其款项支付给收款人的结算方式，从概念上看，这是转账结算的一种特殊形式。单位和个人的各种款项的结算，都可以使用汇兑结算方式。

汇兑分为信汇和电汇两类，在本章第一个小节已经介绍过这两种汇兑方式的具体含义，这里来具体认识两种汇兑方式的其他知识。

（1）信汇

信汇的凭证是信汇付款委托书，其内容与电报委托书内容相同。在信汇委托书上，汇出行不需要加注密押，直接以负责人身份签字代替即可。在办理信汇时，汇出行出具由银行有权签字人员签发的"信汇委托书"，再用信函将该委托书寄往解付行，解付行凭此委托书办理有关款项的解付手续。

（2）电汇

由于电汇是通过电报办理汇兑的汇兑结算方式，因此电汇除了适用于单位之间的款项划拨，还可用于单位对异地个人支付款项的业务，如退休工资、稿酬等；也适用于个人对异地单位支付有关款项的业务。图 5-10 是电汇的办理流程。

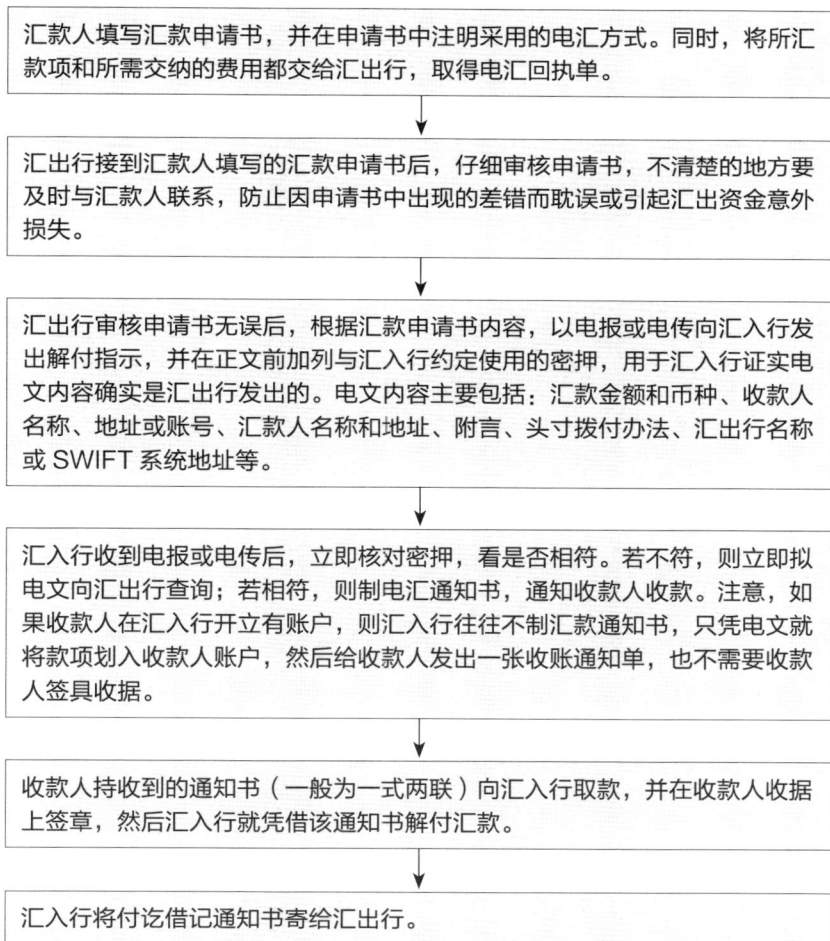

> 汇款人填写汇款申请书，并在申请书中注明采用的电汇方式。同时，将所汇款项和所需交纳的费用都交给汇出行，取得电汇回执单。

> 汇出行接到汇款人填写的汇款申请书后，仔细审核申请书，不清楚的地方要及时与汇款人联系，防止因申请书中出现的差错而耽误或引起汇出资金意外损失。

> 汇出行审核申请书无误后，根据汇款申请书内容，以电报或电传向汇入行发出解付指示，并在正文前加列与汇入行约定使用的密押，用于汇入行证实电文内容确实是汇出行发出的。电文内容主要包括：汇款金额和币种、收款人名称、地址或账号、汇款人名称和地址、附言、头寸拨付办法、汇出行名称或 SWIFT 系统地址等。

> 汇入行收到电报或电传后，立即核对密押，看是否相符。若不符，则立即拟电文向汇出行查询；若相符，则制电汇通知书，通知收款人收款。注意，如果收款人在汇入行开立有账户，则汇入行往往不制汇款通知书，只凭电文就将款项划入收款人账户，然后给收款人发出一张收账通知单，也不需要收款人签具收据。

> 收款人持收到的通知书（一般为一式两联）向汇入行取款，并在收款人收据上签章，然后汇入行就凭借该通知书解付汇款。

> 汇入行将付讫借记通知书寄给汇出行。

图 5-10 电汇的办理流程

在电汇业务中，电报或电传的费用由汇款人承担，而银行方面一般在当天处理电汇业务，不占用邮递过程的回款资金。由此可见，电汇的结算方式适用于金额较大的汇款，或通过 SWIFT 或银行间进行汇划的汇款。

那么，信汇和电汇各自有什么特点呢？信汇费用较低，但速度相对较慢，而且使用较随便，签字即可，无须加载密码。电汇速度快，但汇款人需要负担较高的电报电传费用，适合金额较大或情况紧急的情形，且使用较严格，必须加载密押。

而跟其他结算方式相比，汇兑结算又有哪些特点呢？特点见表 5-11。

表 5-11　汇兑结算方式的特点

条　　目	特　　点
1	适用范围广、手续简便易行
2	没有金额起点的限制，无论汇款金额高低，都可使用汇兑结算方式
3	汇兑结算是一种汇款人向异地主动付款的结算方式，在销货方不清楚购货方的资信情况时，对销货方有利
4	不仅适用于单位之间的款项划拨，也适用于单位对异地的个人支付有关款项

汇兑与转账有什么关联

汇兑实际上是采购方向销售方转账的过程，只不过这个过程中使用的转账手法比单纯的转账更为复杂。它涉及付款委托书或汇款申请书的填写、解付指示和电文电传的发出、密押的使用、汇款通知书的缮制以及款项的解付等操作，而这些是单纯的转账结算方式没有的。可简单地理解为汇兑是特殊的转账方式。但两者之间存在明显区别，见表 5-12。

表 5-12　汇兑与转账的区别

对比项	汇　　兑	转　　账
概念	汇款人委托银行将其款项支付给收款人	采购方通知银行将款项从自己的账户划转到收款账户完成货币收付
具体方式	电汇、信汇	主要有同城转账结算、异地转账结算。包括支票结算、付款委托书结算、同城托收承付结算、异地托收承付结算、汇兑结算等具体支付方式
转账主体	银行	非银行的企业、单位
业务层级	汇兑是转账结算方式的一种	转账包括了汇兑

在选择使用汇兑还是转账方式时，企业只需要弄清楚各自的适用范围，选择恰当的一种即可。

什么是委托收款

委托收款指收款人委托银行向付款人收取款项的结算方式，单位或个人凭借已经承兑的商业汇票、债券和存单等付款人债务证明办理款项结算时，均可使用委托收款结算方式。这种结算方式在同城和异地均可使用。

委托收款结算方式有邮寄划回和电报划回两种具体方式供收款人选用。

◆ **邮寄划回：**以邮寄方式由收款人开户银行向付款人开户银行转送委托收款凭证并提供收款依据的委托收款。

◆ **电报划回**：以电报方式由收款人开户银行向付款人开户银行转送委托收款凭证并提供收款依据的委托收款。

两种方式的委托收款凭证均为一式五联。每一联次的名称和用途的说明见表 5-13。

表 5-13　委托收款凭证的各联次用途

联　次	名　称	用　途
第一联	回单	由收款人开户银行给收款人的回单
第二联	收款凭证	由收款人开户银行作收入传票
第三联	支款凭证	由付款人开户行作付出传票
第四联	收款通知（或发电依据）	由收款人开户银行在款项收妥后给收款人的收款通知（或付款人开户银行凭此拍发电报）
第五联	付款通知	由付款人开户银行给付款人按期付款的通知

图 5-11 所示是常见的委托收款凭证（其中一联）。

委托收款凭证（收账通知）　　委收号码：

付款期限：　年　月　日

委托日期　年　月　日　　　　第　号

付款人	全称		收款人	全称	
	账号或地址			账号	
	开户银行			开户银行	
委收金额	人民币（大写）				千 百 十 万 千 百 十 元 角 分
款项金额		委托收款凭据名称		附寄单证张数	
备注：			上列款项 1. 已全部或部分回收入你方账号。 2. 全部未收到 收款人开户签章 年　月　日		

此联收款人开户银行在款项收妥后给收款人的收账通知

单位主管　会计　复核　记账　付款人开户银行收到日期　年　月　日　支付日期　年　月　日

图 5-11　委托收款凭证

对业务员来说，了解了委托收款的方式、凭证样式外，还需要知道的是委托收款结算方式的大致流程，主要包括如图 5-12 所示的 3 个步骤。

```
签发托收凭证 ──→ 委托 ──→ 付款
```

图 5-12　委托收款的办理流程

在签发托收凭证环节，需要了解的是托收凭证的必须记载事项，主要有这 7 项：①表明"托收"的字样；②确定的金额；③付款人名称；④收款人名称；⑤委托收款凭据名称及附寄单证张数；⑥委托日期；⑦收款人签章。另外还需要注意如下所示的两点。

◆ 委托收款时的付款人是银行以外的单位，则委托收款凭证必须记载付款人开户银行的名称。

◆ 委托收款时的收款人是银行以外的单位或在银行开立了存款账户的个人，委托收款凭证必须记载收款人开户银行名称；若是未在银行开立存款账户的个人，委托收款凭证必须记载被委托银行名称。

在委托环节，主要是收款人办理委托收款，并向银行提交委托收款凭证和有关债务证明。

在付款环节，银行接到收款人寄来的委托收款凭证和债务证明，对这些资料审查无误后予以办理付款。在这一环节中，也有三点注意事项需牢记，见表 5-14。

表 5-14　在委托收款的付款环节应注意的问题

情　　　形	注意事项
以银行为付款人的	银行应在收到委托收款凭证和债务证明的当天将款项主动支付给收款人
以单位为付款人的	银行应在收到委托收款凭证和债务证明后及时通知付款人，需要将有关债务证明交给付款人，付款人应在接到通知的当天书面通知银行付款

续表

情　　形	注意事项
拒绝付款	付款人在审核银行转交的有关债务证明后，对收款人委托收取的款项需要拒绝付款的，可以办理拒绝付款 　　1. 以银行为付款人的，应从收到委托收款凭证和债务证明的次日起 3 日内出具拒绝证明，连同有关债务证明、凭证寄给被委托银行，转交给收款人 　　2. 以单位为付款人的，应在付款人接到通知日的次日起 3 日内出具拒绝证明，持有债务证明的，还应将其送交给开户银行；银行将拒绝证明、债务证明和有关凭证一并寄给被委托银行转交给收款人

当付款人为单位时，如果付款人未在接到银行通知的次日起 3 日内通知银行付款，则视同付款人同意付款，银行应在付款人接到通知日的次日起第 4 日上午营业时将款项划给收款人。银行在办理划款业务时，如果付款人存款账户的余额不足以支付，应通过被委托银行向收款人发出未付款项通知书。

什么是信用证

信用证是一种保证承担支付货款责任的书面凭证。在不同的划分依据下，信用证有不同类型，具体见表 5-15。

表 5-15　信用证的种类

划分依据	种　　类
汇票是否附有货运单据	跟单信用证、光票信用证
开证行所负的责任	不可撤销信用证、可撤销信用证
有无另一家银行加以保证兑付	保兑信用证、不保兑信用证
付款时间	即期信用证、远期信用证、假远期信用证
受益人对信用证的权利可否转让	可转让信用证、不可转让信用证

续表

划分依据	种 类
信用证的作用	循环信用证、对开信用证、背对背信用证、预支信用证或打包信用证、备用信用证

除了表 5-15 所示的这些划分依据下的不同种类的信用证外，还有一种特殊的信用证——红条款信用证，它可让开证行在收到单证后向销售方提前预付一部分款项，常用于制造业。对业务员来说，可以详细了解一下国内信用证，即在我国国内使用的，以人民币计价、不可撤销的跟单信用证。它指银行依照申请人的申请开立的、对相符交单予以付款的承诺。这种信用证只限于转账结算，不能支取现金，且付款期限最长不得超过一年。

国内信用证适用于银行为国内企事业单位之间货物和服务贸易提供的结算服务，其中服务贸易包括但不限于运输、旅游、咨询、通信、建筑、保险、金融、计算机和信息、专有权利使用和特许、广告宣传和电影音像等服务项目。

信用证结算方式中涉及的当事人比较多，特别是各银行身份，很容易混淆，下面通过表 5-16 来区分认识。

表 5-16 信用证结算方式的当事人

当事人	简 述
申请人	指申请开立信用证的人，一般为货物购买方或服务接收方
受益人	指接受信用证并享有信用证权益的人，一般为货物销售方或服务提供方
开证行	指根据申请人的申请，开立信用证的银行
通知行	指根据开证行的要求，向受益人通知信用证的银行
交单行	指向信用证有效地点提交信用证项下单据的银行
转让行	指开证行指定的办理信用证转让的银行
保兑行	指根据开证行的授权或要求对信用证加具保兑的银行
议付行	指开证行指定的为受益人办理议付的银行

另外，业务员了解国内信用证结算的办理程序也很有必要，如图 5-13 所示。

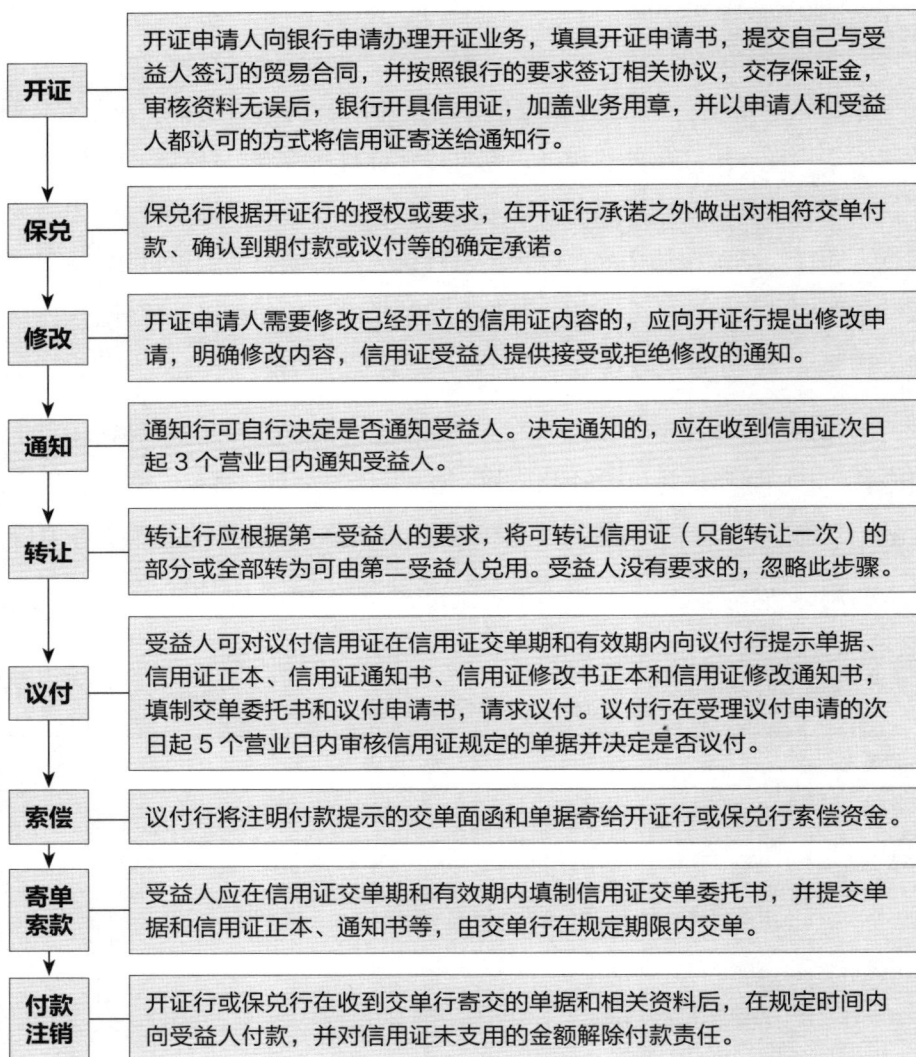

开证	开证申请人向银行申请办理开证业务，填具开证申请书，提交自己与受益人签订的贸易合同，并按照银行的要求签订相关协议，交存保证金，审核资料无误后，银行开具信用证，加盖业务用章，并以申请人和受益人都认可的方式将信用证寄送给通知行。
保兑	保兑行根据开证行的授权或要求，在开证行承诺之外做出对相符交单付款、确认到期付款或议付等的确定承诺。
修改	开证申请人需要修改已经开立的信用证内容的，应向开证行提出修改申请，明确修改内容，信用证受益人提供接受或拒绝修改的通知。
通知	通知行可自行决定是否通知受益人。决定通知的，应在收到信用证次日起 3 个营业日内通知受益人。
转让	转让行应根据第一受益人的要求，将可转让信用证（只能转让一次）的部分或全部转为可由第二受益人兑用。受益人没有要求的，忽略此步骤。
议付	受益人可对议付信用证在信用证交单期和有效期内向议付行提示单据、信用证正本、信用证通知书、信用证修改书正本和信用证修改通知书，填制交单委托书和议付申请书，请求议付。议付行在受理议付申请的次日起 5 个营业日内审核信用证规定的单据并决定是否议付。
索偿	议付行将注明付款提示的交单面函和单据寄给开证行或保兑行索偿资金。
寄单索款	受益人应在信用证交单期和有效期内填制信用证交单委托书，并提交单据和信用证正本、通知书等，由交单行在规定期限内交单。
付款注销	开证行或保兑行在收到交单行寄交的单据和相关资料后，在规定时间内向受益人付款，并对信用证未支用的金额解除付款责任。

图 5-13　国内信用证结算的办理流程

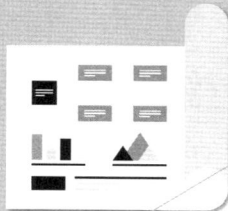

第 6 章

与经营收入相关的财务知识

　　企业获取的经营收入是维持其后续经营发展的动力，如果没有经营收入，企业很难继续开展经济活动。再加上销售业务与经营收入直接挂钩，更与企业的盈利情况息息相关。因此，作为企业的一员，业务员很有必要了解与经营收入相关的财务知识，提高工作效率和质量，全面提升工作能力。

销售方式与纳税义务发生时间、确认收入有何关系

可能很多业务员只知道将产品或服务卖出去就行了，对销售方式并没有过多的研究。这也属正常，毕竟业务员的日常主要工作就是销售。但是，为了更好地辅助自己的销售工作，业务员可以了解一些与销售方式相关的财务知识，比如销售方式对纳税义务发生时间的影响，对收入确认时间的影响等。

（1）销售方式对纳税义务发生时间的影响

这里所说的销售方式对纳税义务发生时间的影响，主要指对增值税的纳税义务发生时间的影响，具体分为三大类。

①纳税人发生应税销售行为时，纳税义务发生时间为收讫销售款项或取得索取销售款项凭证的当天；先开具发票的，为开具发票的当天。但是，这一类情形中，会因为销售模式的不同而有所差别，见表6-1。

表6-1　不同销售模式下的纳税义务发生时间

销售模式	纳税义务发生时间
采取直接收款方式销售货物	不论货物是否发出，均为收到销售款或取得索取销售款凭证的当天；先开具发票的，为开具发票当天
采取托收承付和委托银行收款方式销售货物	为发出货物并办妥托收手续的当天
采取赊销和分期收款方式销售货物	为书面合同约定的收款日期当天，没有书面合同或书面合同没有约定收款日期的，为货物发出的当天

续表

销售模式	纳税义务发生时间
采取预收货款方式销售货物	为货物发出的当天。但是，生产销售生产工期超过12个月的大型机械设备、船舶和飞机等货物，为收到预收款或书面合同约定的收款日期当天
委托其他纳税人代销货物	为收到代销单位开具的代销清单的当天或收到全部或部分货款的当天。未收到代销清单和货款的，为发出代销货物满180天的当天
纳税人提供租赁服务采取预收款方式的	为收到预收款的当天
纳税人从事金融商品转让的	为金融商品所有权转移的当天
纳税人发生视同销售货物行为的	为货物移送的当天
纳税人发生视同销售劳务、服务、无形资产和不动产情形的	为劳务、服务、无形资产转让完成的当天或不动产权属变更的当天

②纳税人进口货物的，纳税义务发生时间为报关进口的当天。

③增值税扣缴义务发生时间为纳税人增值税纳税义务发生的当天。

（2）销售方式对企业确认销售收入的影响

不同模式下的销售业务，其对应的销售收入的确认时间是不同的，且不同类型的收入确认时间也不同。表6-2是销售货物收入的几种确认时间。

表6-2　销售方式对销售货物收入确认时间的影响

货物销售模式	收入确认时间
采取托收承付方式销售货物	在办妥托收手续时确认收入
采用预收款方式销售货物	在发出商品时确认收入
采取分期收款方式销售货物	按照合同约定的收款日期确认收入

续表

货物销售模式	收入确认时间
销售商品需要安装和检验的	在购买方接受商品且安装和检验完毕后确认收入，如果安装程序较简单，也可在发出商品时确认收入
采用支付手续费方式委托代销货物的	在收到代销清单时确认收入
采用售后回购方式销售货物的	在收到销售款或取得索取销售款凭证时确认收入，且按照售价确认收入。回购的货物作为购进货物处理；如果以销售货物方式进行融资，则不符合销售收入确认条件，事先收到的款项应确认为负债
采用以旧换新方式销售货物的	在售出新货物并收到销售款或取得索取销售款凭证时确认收入，回收的旧货物作为购进货物处理

表 6-3 所示是不同类型的收入确认时间。

表 6-3　不同类型的收入确认时间

收入类型	收入确认时间
提供劳务收入以及企业受托制造大型机械设备和船舶等	在各个纳税期末，按照完工进度确认收入
转让财产收入	按照合同或协议约定的付款日期确认收入
股息、红利等权益性投资收益	按被投资方做出利润分配决定的日期确认收入
利息收入	按照合同约定的债务人应付利息的日期确认收入
租金收入	按照合同约定的承租人应付租金的日期确认收入；如果交易合同或协议中规定租赁期限跨年度，且租金提前一次性支付，则出租人可对已经确认的收入在租赁期内分期均匀计入相关年度的收入
特许权使用费收入	按照合同约定的特许权使用人应付特许权使用费的日期确认收入
接受捐赠收入	按照实际收到捐赠资产的日期确认收入
其他收入	分别按照各自的收入确认时间进行确认

签订合同时如何正确书写金额

合同称得上是财务工作中的原始凭证，财会人员在进行收入和应交税费的核算工作时都要以签订的合同为重要依据。由于合同中会明确约定交易金额、交易时间和交易地点等重点信息，尤其是交易金额，因此书写必须规范。

在签订合同时，金额的书写方面需要注意如下要点。

（1）货币符号或单位

凡是阿拉伯数字前印有币种符号的，金额数字后面不再书写货币单位，如合同金额￥60 000.00。

大写金额数字前应印有"人民币"字样，未印有的，应添加货币名称"人民币"3个字，如人民币陆万元整。

（2）金额的大小写

合同中，金额的小写用1、2、3、4、5、6、7、8、9、0表示；金额的大写用壹、贰、叁、肆、伍、陆、柒、捌、玖、拾、佰、仟、万、元、零、角、分、整或正表示。特殊需要时，金额的大写也可书写繁体字。

小写金额到元的，用".00"表示，或者用".-"表示，此时金额的大写要用"整"或"正"表示，比如￥60 000.00，大写金额为人民币陆万元整。小写金额有角无分的，只能用".×0"表示，不能用".×-"表示，比如￥50.30，大写金额为人民币伍拾元叁角，角后面可以不写"整"或"正"。小写金额到分的，大写金额不写"整"或"正"。

小写金额中间有"0"时，大写金额要写"零"字，如¥1 202.50，大写金额为人民币壹仟贰佰零贰元伍角。小写金额中间连续有几个"0"时，大写金额可以只写一个"零"字，如¥3 002.48，大写金额为人民币叁仟零贰元肆角捌分。小写金额元位是"0"，或者数字中间连续有几个"0"且元位也是"0"，但角位不是"0"时，大写金额可以只写一个"零"字，也可以不写"零"字，如¥8 000.27，大写金额为人民币捌仟元零贰角柒分或捌仟元贰角柒分。小写金额角位是"0"，但分位不是"0"时，大写金额"元"之后要写"零"字，如¥8 000.07，大写金额为人民币捌仟元零柒分。

（3）货币符号或单位与金额之间的写法

货币符号"¥"与小写金额之间，以及货币单位"人民币"字样与大写金额之间，都不能留有空白，以防止金额数据被人篡改。

（4）金额的更改

一般来说，企业签订的合同中，如果发现金额写错了，最好不要在原合同中进行修改和更正；如果确实需要在原合同中进行修改和更正的，必须加盖符合要求的印章，以示负责。

了解销售合同中相关数据的财务含义

在销售合同中，需要约定的事项包括但不限于标的物规格、数量和质量、价款或酬金、履行期限、交货地点、交货方式和违约责任等。其中价款或酬金还有履行期限等，在财务上都有各自的含义，且关系着具体的账务处理细节。

（1）合同价款在财务中的含义

销售合同中的价款指所售标的物的总价，也是含税价格，是财务工作中销售发票上的价税合计金额。根据该价格和适用的增值税税率，就可求出不含税销售价款。

某公司 7 月 7 日与一位客户签订了商品销售合同，合同中注明的总价款为 80 000.00 元。已知该公司适用的增值税税率为 13%。那么，这一总价款中包含了多少增值税销项税额呢？

不含税销售价款 =80 000.00÷（1+13%）=70 796.46（元）

增值税销项税额 =70 796.46×13%=80 000.00−70 796.46=9 203.54（元）

这里计算出的 70 796.46 元和 9 203.54 元分别填入销售发票中的"金额"栏和"价税合计"栏。

因此，如果合同中约定的总价款是不含税的，则订立合同时需要在合同中做出明确的说明，以防止后期产生经济纠纷。

（2）履行期限

销售合同中的履行期限包括了销售方履行发货责任的期限，还有购买方履行支付货款责任的期限等。通过对本章第一节内容的学习，我们已经知道了各种销售方式下收入的确认时间和纳税义务发生时间的确定是不同的。因此，合同中履行期限的约定也就关系着企业确认销售收入和纳税义务发生时间的处理。

比如，采用赊销、分期收款和预收货款等方式销售货物，均需要根据合同约定的日期确认收入和纳税义务发生时间。

这样的操作涉及财务知识中的权责发生制，又称应收应付制，指财务上以本会计期间发生的费用和收入是否应计入本期损益为标准，处理有关经济业务的一种制度。由此可见，合同中关于时间期限的约定内容很重要。

（3）违约责任

由于一项经济交易关系着购销双方的利益，而合同则是明确双方利益的一个重要载体。因此签订合同时需要明确约定双方的违约责任。

如果出现违约，则可能涉及违约金和赔偿款等问题，这些问题在财务上会影响营业外收支的账务处理，进而会影响企业当期的净利润。

所以，业务员要认真学习购销合同中的重要条款和数据，了解其对财务工作的影响，避免工作出错而造成不必要的经济损失。

发生特殊情况的业务如何影响营业收入

这里所说的特殊情况主要指企业销售业务中发生商业折扣、现金折扣、销售折让和销售退回等情形。在本书第 3 章的"折扣销售与销售折扣要分清"小节中已经详细介绍了折扣销售（即商业折扣）和现金折扣收入核算，这里我们主要讲解发生销售折让和销售退回等特殊情况对营业收入的影响。

（1）发生销售折让如何确认营业收入

销售折让指企业因为售出商品质量不符合要求等原因，在售价上给予购买方的减让。无论销售折让是发生在销售方确认收入之前还是确认收入之后，最终确认的营业收入金额都与最初约定的总价款不同。

①销售折让发生在销售方确认收入之前。

这种情况下，企业的财会人员在确认销售收入（这里直接认为是营业收入）时直接按照扣除了销售折让后的金额确认。

$$营业收入入账金额 = 售价 - 销售折让$$

同时，按照确认的销售收入核算增值税销项税额。

$$确认收入前发生销售折让的增值税销项税额 = （售价 - 销售折让）× 适用税率$$

下面通过一个案例来学习这种特殊情况下营业收入的确认。

7月6日，甲公司向乙公司销售了一批货物，由于该批货物在货款收回方面存在不确定性，因此甲公司当天还未确认商品的销售收入，且未开出增值税专用发票。已知合同约定该批货物总价款为 85 000.00 元（不含税），总成本为 50 000.00 元，适用增值税税率13%。7月9日，乙公司收到甲公司发出的货物，在检验货物时发现部分商品的质量不符合合同的要求，于是要求甲公司在价格上给予5%的折让。经过甲公司核查，确认情况属实，于是同意乙公司的要求，乙公司也承诺7月10日付款。

甲公司7月6日售出货物时还未开具增值税发票，且没有确认收入。因此，当天不需要做确认收入的账务处理。但是因为货物所在地发生了变化，所以必须先通过"发出商品"科目核算发出商品的价值，即发出商品的入账价值为 50 000.00 元。

7月9日，甲公司同意了乙公司提出的销售折让要求，且乙公司也承诺10日付货款。因此，9日甲公司要以扣除了销售折让后的金额确认销售收入。

销售折让金额 = 85 000.00 × 5% = 4 250.00（元）

销售收入入账金额 = 85 000.00 - 4 250.00 = 80 750.00（元）

增值税销项税额 = 80 750.00 × 13% = 10 497.50（元）

需要业务员注意的是，在发生销售折让时，折让的是售价，与商品或货物本身的成本无关，因此商品或货物原来的成本是多少，在确认收入的同时就需要结转多少成本，从而减少"发出商品"的账面余额。

②销售折让发生在销售方确认收入之后。

这种情况下，企业的财会人员要在最初售出商品并开具增值税发票时确认销售收入，纳税义务也相继发生。此时要按照合同约定的售价确认营业收入的入账金额。

营业收入入账金额 = 售价

如果销售折让不属于资产负债表日后事项，则在发生销售折让时要冲减当期的销售收入和已经确认的增值税销项税额。也就是说，该笔销售业务最终确认的营业收入金额还是售价减去销售折让的金额，只不过账务处理上与在确认销售收入前发生销售折让有所不同。

假设上述案例中的甲公司在 7 月 6 日售出该批货物时就向乙公司开具了增值税专用发票，并注明不含税价款为 85 000.00 元，增值税税率 13%，而乙公司也承诺货物验收后就付款。在 7 月 9 日时乙公司发现部分货物不符合合同的要求，就向甲公司提出给予 5% 折让，而甲公司也同意了，10 日收到乙公司支付的货款。针对甲公司要做的账务处理，相关分析如下。

7 月 6 日售出商品符合收入确认条件，因此需要确认销售收入。

销售收入的入账金额 =85 000.00（元）

增值税销项税额 =85 000.00×13%=11 050.00（元）

此时，财会人员还会结转该批货物的成本，而减少的就是"库存商品"的账面余额，不是"发出商品"的账面余额。

7 月 9 日发现货物问题，给予乙公司销售折让，该事项不属于资产负债表日后时候，因此需要冲减前期已经确认的销售收入和增值税销项税额。

冲减的销售收入金额 =85 000.00×5%=4 250.00（元）

冲减的增值税销项税额 =4 250.00×13%=552.50（元）

也就是说，甲公司因为该项销售业务最终确认的销售收入为 80 750.00 元（ 85 000.00-4 250.00），最终确认的增值税销项税额为 10 497.50 元（ 11 050.00-552.50）。由于商品已经售出，且没有因为质量问题退回甲公司，因此已经结转的成本不做冲减处理。

两种情形下最终确认的营业收入金额都为 80 750.00 元，且与合同约定的售价 85 000.00 元不同。

（2）发生销售退回如何确认营业收入

销售退回指购买方向销售方购买商品后因为商品出现严重的质量问题而又退回给销售方的业务。发生销售退回时，没有给予折扣或折让的说法，直接是退货退款，且一般都是全额退还所退商品对应的货款。

业务员可能认为销售退回的处理到此就结束了，其实不然。销售退回业务在账务上的处理会因为确认收入的时间不同而有所差异。

①销售退回发生在销售方确认收入之前。

在这种情况下，由于发生销售退回时销售方还未确认收入，因此不存在冲减收入和增值税之说，只需冲减前期核算的"发出商品"的价值，同时按照售价减去销售退回后的余额确认销售收入。

$$营业收入入账金额 = 售价 - 销售退回$$

同时按照确认的销售收入核算增值税销项税额。

确认收入前发生销售退回的增值税销项税额 =（售价 - 销售退回）× 适用税率

接下来看一个实例，更清晰地了解此种特殊情况下营业收入的核算。

6 月 8 日，丙公司向其某位客户销售了一批商品，合同约定价款 70 000.00 元

（不含税），暂未开具增值税专用发票，也未收到客户货款。6月9日，客户收到商品后检查发现其中有一半的商品存在严重质量问题，不得不退回给丙公司，10日，客户向丙公司支付了一半商品的货款（包括增值税）。已知该批商品的成本共 40 000.00 元，适用增值税税率13%。下面分析财会人员的账务处理。

由于6月8日丙公司未向客户开具增值税发票，且没有收到货款。因此公司的会计人员并不会做销售收入的确认处理，而只会核算发出商品的价值，此时按照发出商品的实际成本入账，通过"发出商品"科目核算，发出商品的入账价值为 40 000.00 元。

在6月9日，丙公司收到客户退回的商品，检查符合实情后，办理退货手续，并根据剩余一半的商品对应的货款和增值税开具增值税专用发票，注明价款和增值税税额。

销售收入的入账金额 =70 000.00×50%=35 000.00（元）

增值税销项税额 =35 000.00×13%=4 550.00（元）

销售成本的入账金额 =40 000.00÷2=20 000.00（元）

冲减的发出商品价值 =40 000.00−20 000.00=20 000.00（元）

在该案例中，由于售出商品退回了一半，因此库存商品的账面余额需增加 20 000.00 元。

②销售退回发生在销售方确认收入之后。

在这种情形下，企业财会人员需要在最初售出商品并开具增值税发票时就确认销售收入，纳税义务也发生了。此时需要按照合同约定的售价确认营业收入的入账金额。

营业收入入账金额 = 售价

同时根据营业收入入账金额核算增值税销项税额。当发生销售退回，且不属于资产负债表日后事项时，则应冲减当期的销售收入和已经确认的增值税销项税额，同时还要冲减已经结转的销售成本。实际上，企业最终确认的营业收入入账金额还是售价扣除了销售退回的余额，只不过在账务处理的流程上与销售退回发生在销售方确认销售收入前的有所不同。

假设上例中的丙公司向其客户销售商品时，6 月 8 日就开出了增值税专用发票，且收到了客户支付的货款。9 日发现商品存在严重问题并退回一半商品后，丙公司办理了退货手续，并向客户开具了只有一半销售价款的红字增值税专用发票，注明增值税税率 13%，同时向客户退还了一半商品的货款和对应增值税。合同约定的商品总价款为 70 000.00 元（不含税），实际成本为 40 000.00 元。

由于丙公司 6 月 8 日已经向客户开具了增值税发票，且收到了客户支付的全部货款，因此当天就需要确认销售收入。

销售收入的入账金额 =70 000.00（元）

增值税销项税额 =70 000.00×13%=9 100.00（元）

销售成本的入账金额 =40 000.00（元）

6 月 9 日，客户退回一半商品，丙公司确认退货，并开出红字增值税发票。此时需要进行收入、成本和增值税的冲减处理。

冲减的销售收入 =70 000.00×50%=35 000.00（元）

冲减的增值税销项税额 =35 000.00×13%=4 550.00（元）

冲减的销售成本 =40 000.00×50%=20 000.00（元）

在该案例中，丙公司最终确认的销售收入依然是 35 000.00 元（70 000.00-35 000.00），确认的增值税销项税额是 4 550.00 元（9 100.00-4 550.00），确认的销售成本是 20 000.00 元（40 000.00-20 000.00）。

可以看出，无论销售退回是在确认销售收入前发生，还是确认销售收入后发生，最终确认的营业收入均为 35 000.00 元，与合同约定售价 70 000.00 元不同。

如何区分不同业务的收入类型

业务员要了解，企业的营业收入包括主营业务收入和其他业务收入，另外还有营业外收入。其中营业收入有对应的营业成本，但营业外收入没有，它属于企业的利得，从某种意义上来说属于"纯收入"。

那么，要如何区分哪些业务的收入确认为主营业务收入，哪些业务的收入确认为其他业务收入，还有哪些业务的收入要确认为营业外收入呢？

（1）主营业务收入

主营业务收入指企业从事本行业生产经营活动所取得的营业收入，这类收入与企业的经常性活动相关。不同类型或不同行业的企业，其主营业务收入对应的业务是不同的，见表 6-4。

表 6-4　不同类型企业的主营业务收入对应的业务

企业类型	主营业务收入对应的业务
工业企业或制造业	产品销售业务
建筑业企业	工程结算业务
商业流通企业	商品销售业务
交通运输业企业	交通运输服务
房地产开发企业	房屋销售业务

续表

企业类型	主营业务收入对应的业务
汽车租赁企业	汽车出租业务
软件开发企业	软件销售业务
人力资源管理企业	提供人力资源服务业务

（2）其他业务收入

其他业务收入指企业除主营业务以外的其他日常经营活动所取得的营业收入，这类业务活动的收入额不大，发生的频率也不高。同样，在不同行业或不同类型企业中，其他业务收入对应的业务也是不同的，见表 6-5。

表 6-5　不同类型企业的其他业务收入对应的业务

企业类型	其他业务收入对应的业务
工业企业或制造业	销售原材料、商品包装物，出租固定资产或无形资产使用权等业务
建筑业企业	产品销售、材料销售、提供机械作业、无形资产和固定资产出租等业务
商业流通企业	代购业务、出租商品业务等
交通运输业企业	装卸业务、货物保管业务等
房地产开发企业	商品房售后服务、无形资产转让、固定资产出租等业务
汽车租赁企业	销售汽车零配件、汽车修理修配等业务
软件开发企业	转让软件无形资产产权业务
人力资源管理企业	出租固定资产或无形资产、代理等

（3）营业外收入

营业外收入指企业发生的与生产经营过程无直接关系的经济活动所取得的收入，也称"营业外收益"。该类收入在不同行业或不同类型企业中的区别较小，一般指一些赔款收入、捐赠收入和包装物押金收入等，还有一些如现金盘盈、政府补助和教育费附加返还等收入。

销售产品时怎么核算包装物的成本

业务员应该都知道，企业销售的商品一般都是有包装袋或包装盒的，比如纸箱、瓶、袋、桶和坛等。对企业来说，这些包装物在生产流通过程中随同产品或商品一起出售、出借或出租给购货方，其自身有成本，财会人员会在进行会计核算时，根据不同的情况核算它们的成本。

企业包装物的核算与材料、物资的核算基本相似，在购入、自制和委托加工完成验收入库等环节的包装物核算与材料的核算完全相同。下面就来看看包装物在产品销售环节的核算工作。

（1）包装物随同产品出售但不单独计价

企业使用的包装物属于存货的一种，进一步细分，包装物属于存货中周转材料的一种。因此，财会人员在对包装物进行会计核算时，主要通过"周转材料"科目进行核算，并通过"包装物"明细科目进行明细核算，即通过"周转材料——包装物"科目反映和监督包装物的增减变化、耗损及结存情况。

如果包装物随同产品一起出售，且不单独计价，则包装物按其实际成本确认销售费用，借记"销售费用"科目，增加销售费用的账面余额。

乙公司为增值税一般纳税人，对随产品出售的包装物采用实际成本法核算。7月8日对外销售一批产品时包含了一批不单独计价的包装物，这批包装物的实际成本为1 000.00元。

由于该批包装物随产品一起出售，且不单独计价。因此该批包装物的实际成本 1 000.00 元应计入销售费用进行核算，增加乙公司销售费用的账面余额，会计分录如下。

借：销售费用　　　　　　　　　　　　　　　1 000.00
　　贷：周转材料——包装物　　　　　　　　　　　　　1 000.00

如果公司采用计划成本法核算包装物的成本，则会计分录中还会涉及"材料成本差异"科目，这里不作详解。

（2）包装物随同产品出售并单独计价

企业随同产品一起出售包装物，且包装物单独计价的，除了要按照包装物的实际成本确认其他业务成本外，还需要确认包装物对应的收入，即其他业务收入，账务处理类似于出售材料。概括地说，在这种情况下，包装物的成本核算不仅会使用到"周转材料——包装物"科目，还会使用到"其他业务成本"和"其他业务收入"科目。

包装物随同产品一起出售，并单独计价，按其实际取得或应获得的金额，借记"银行存款"或"应收账款"科目；按包装物销售收入，贷记"其他业务收入"科目，增加其他业务收入的账面余额；按增值税专用发票上注明的增值税销项税额，贷记"应交税费——应交增值税（销项税额）"科目。同时还要结转包装物的成本，按其实际成本，借记"其他业务成本"科目，增加其他业务成本的账面余额，贷记"周转材料——包装物"科目。

假设上一个案例中的乙公司在对外出售商品时，随附的包装物进行了单独计价出售，收入金额为 1 500.00 元，银行已收取款项。适用增值税税率 13%，则账务处理如下。

由于公司出售产品时对随附的包装物进行了单独计价出售，因此其收入金额需确认为其他业务收入，而成本需确认为其他业务成本。财会人员需同时编制如下两个会计分录。

包装物的增值税销项税额 =1 500.00×13%=195.00（元）

借：银行存款   1 695.00

    贷：其他业务收入   1 500.00

        应交税费——应交增值税（销项税额）   195.00

借：其他业务成本   1 000.00

    贷：周转材料——包装物   1 000.00

如果企业采用计划成本法核算包装物的成本，则该案例中第二个会计分录也会涉及"材料成本差异"科目，这里不作说明。

（3）包装物随同售出的产品出租、出借给购买方

业务员可能不清楚的是，企业为了督促产品购买方或使用方如期归还包装物，有时可能会在出售产品时以出租或出借的方式将包装物出租或出借给购买方，并收取不低于包装物成本的租金或押金。而出租或出借的包装物在周转使用过程中因为磨损而减少的那部分价值，可根据实际情况采用一次转销法或分期摊销法进行摊销。

①销售产品时出租包装物。

企业销售产品时随同出租包装物的，会向购买方收取一定的租金；当购买方将包装物退回时，这部分租金不会退还给购买方。

如果出租的包装物数额不大，一般采用一次转销法，在销售产品并第一次领用新包装物时一次性结转其成本，借记"其他业务成本"科目，贷记"周转材料——包装物"科目。如果出租的包装物数额较大，可采用分期摊销法（一般是五五摊销法），通过"待摊费用"科目进行分期摊销，在领用新包装物时，借记"待摊费用"科目，贷记"周转材料——包装物"科目。

在收到包装物租金时，借记"银行存款"或"库存现金"科目，贷记"其他业务收入"科目。此时出租包装物的账务处理类似于出售包装物单独计价，企业核算其他业务收入和其他业务成本。

出租的包装物不能使用而报废时，如果还有残料价值，则按照该价值借记"原材料"科目，贷记"其他业务成本"科目，以冲减其他业务成本的账面余额。注意，出租的包装物一经发出，其账面价值就会被注销，即使收回后还能继续使用，也不再作价入账，相当于全额注销其价值。

②销售产品时出借包装物。

企业销售产品时包装物采取出借方式借给购买方或使用方使用的，一般会向购买方收取一定的押金。后期购买方或使用方完好无损或磨损程度在规定范围内将包装物退回，则销售方退还押金；如果包装物磨损严重或完全损坏，则销售方不予退还押金或只退还部分押金。

如果出借的包装物数额不大，一般也采用一次转销法，在销售产品并第一次领用新包装物时一次性结转其成本，借记"销售费用"科目，贷记"周转材料——包装物"科目。如果出借的包装物数额较大，可采用分期摊销法（即五五摊销法），通过"待摊费用"科目进行分期摊销，在领用新包装物时，借记"待摊费用"科目，贷记"周转材料——包装物"科目。

在收到包装物押金时，借记"银行存款"科目，贷记"其他应付款"科目。此时收取的押金属于暂存于公司内部的资金，后期购买方或使用方退回包装物时需退还押金，因此用"其他应付款"科目进行核算。

出借的包装物收回后，即使还能继续使用，也不再作价入账。如果收回后不能再使用，但还有残料价值，则按照该部分价值，借记"原材料"科目，贷记"销售费用"科目，以冲减销售费用的账面余额。

知识延伸 | 有些包装物不作为周转材料进行管理

企业用于储存和保管商品、产品、材料等而不对外销售和出租、出借的大型包装物，其价值较大，使用时间较长，不作为包装物进行核算，可以按照价值大小和使用时间的长短将其归类到固定资产或低值易耗品进行管理。

如何鉴别收到的票据有问题

作为业务员，企业经济业务的第一道关卡的把关者，很有必要学习如何鉴别收到的票据是否存在问题。

（1）认定税票的真假

在生产经营过程中，有些企业为了逃避纳税义务，会故意不使用发票，或者开具阴阳发票（即发票各联次的金额不一致），或者将不能报销的开支违规开具发票，有些甚至会开具没有实际发生经济事项的发票。那么，如果业务员收到了不合规、不合法的税票时，该如何认定其真假呢？可参考表 6-6 所列的几种方法。

表 6-6　认定税票真假的常见方法

方　　法	操　　作
进入税务局官网查	根据发票上印有的印章字样，进入相应的税务局官网进行查询。
拨打纳税服务热线	可拨打全国统一的纳税服务热线（区号 +12366）进行查询
借助发票领购簿查	通过对方提供的发票领购簿中含有相关发票代码的发票领购记录复印件，确认发票真伪

续表

方　　法	操　　作
向税务机关申请鉴别	用票单位和个人有权利向主管税务机关申请鉴别发票的真伪，而税务机关在收到申请后应受理发票真伪鉴别业务；鉴别有困难的，税务机关可提请发票监制税务机关协助鉴别

（2）是否可以使用"白条"的判断

一般来说，企业经营管理过程中不能使用"白条"来充作正规票据。但某些业务或经济事项比较特殊，发生时确实不能取得正规票据的，可将"白条"作为正规票据。为了鉴别票据是否有问题，业务员需要了解可以使用"白条"充作正规票据的情形。

◆ 在农贸市场上采购水果、蔬菜，确实不能取得正规票据的。

◆ 在农村老家购买树苗、花种、农家肥或柴火等，确实不能取得正规票据的。

◆ 直接支付给个人的劳务费，确实不能取得正规发票的。

需要注意的是，这些情形能够以"白条"充作正规票据，还有一些前提就是数量不大或金额不多，且符合情理、手续齐全，同时"白条"是手写的。

如果不符合这些前提，即使是上述三种情形下收到"白条"，也不能充作正规票据。如果不是上述三种情形，也不能以"白条"充作正规票据，否则票据无效，即被认定为有问题的票据。

（3）适用于各种票据的鉴别方法

无论是发票（即税票）还是其他结算票据，在经济业务中只要涉及了，都需要相关人员鉴别其真伪，业务员也不例外。不同的票据，鉴别手法会有不同。这里我们来学习一些可适用于任何票据的真伪鉴别方法，见表6-7。

表 6-7　适用于各种票据的真伪鉴别手法

手　法	操　作
看是否是阴阳票	阴阳票也称"大头小尾"票，指同一票据的各联次之间的金额或经济事项的信息不一致的票。 先看票据各联次之间所填写的内容是否完全一致，再看票面上的笔迹、笔画轻重和数字排列等是否整齐，可初步判断票据内容是否被人为更改过。如果判断票据有人为改动，则可初判其为有问题的票据
看票据号码是否连续	看票据号码是否连续，不连续的，说明票据有被人为增减的可能性，可初判其为有问题的发票
看票据是否过期	可以从年号、格式以及纸质等方面鉴别票据是否过期，过期的票据还在使用，显然就会成为问题票据
看票据内容的填写是否流畅	一般来说，同一票据会采用复写方式填写，即利用专门的复写纸，填写好其中一联后，其余各联次就相应填写完成。如果查看到票据内容字体生硬、笔画不流畅，产品名称、单位、数量和大小写金额等书写错位很多，且票据背面没有复写痕迹，则可初判票据有问题。另外还有一些票据，以不规范的复写方式进行复写的，票面字体的笔画会不连贯，中间还会有间隔断线的情况，这也是有问题的票据

财务上如何处理广告宣传费

　　广告宣传费包括了广告费和业务宣传费，这两种费用都是为企业的销售业务提供服务的，因此与业务员的工作内容息息相关。了解广告宣传费的有关财务知识，对业务员来说有百利而无一害。

　　如何区分这两种费用呢？其实从概念上就可明显认识到两者的不同。广告费指企业通过各种媒体宣传或发放赠品等方式，激发消费者对其产品或服务的购买欲望，以达到促销目的而支付的费用。业务宣传费指企业开展业务宣传活动所支付的费用，与广告费相比，主要是没有通过媒体传播的广告性支出，比如发放印有企业标志的礼品、纪念品等的费用支出。

如果发生了这两种费用中的其中一种，或者都发生了，财务上需将这些费用确认为销售费用，并通过"销售费用"科目进行核算，同时要根据费用的具体用途进行明细核算，如"销售费用——广告费"科目或"销售费用——业务宣传费"科目。如果发生这些费用时收到了增值税专用发票，还需核算增值税进项税额。

在很多人看来，广告费和业务宣传费在实际经营管理过程中发生多少，就可以在缴纳企业所得税之前扣除多少，但其实并非如此。或许账务处理上是这么回事，但税法对这两种费用的扣除额度有限制规定，内容如下。

◆ 企业发生的符合条件的广告费和业务宣传费支出，除国务院财政、税务主管部门另有规定外，不超过当年销售（营业）收入15%的部分，准予扣除；超过部分，准予在以后纳税年度结转扣除。

◆ 企业在筹建期间发生的广告费和业务宣传费，可按实际发生额计入企业的筹办费，并按规定在税前全额扣除。

◆ 2016 年 1 月 1 日—2020 年 12 月 31 日，化妆品制造或销售、医药制造和饮料（不含酒类）制造企业发生的广告费和业务宣传费支出，不超过当年销售（营业）收入30%的部分，准予扣除；超过部分，准予在以后纳税年度结转扣除。

◆ 烟草企业发生的烟草广告费和业务宣传费支出，一律不得在计算应纳税所得额时扣除。

下面通过一个具体的案例来了解广告宣传费在财务上的处理和按照税法规定的处理区别。

某公司是一家服装生产企业，为增值税一般纳税人，适用增值税税率13%，企业所得税税率为25%。7月公司发生广告费24.34万元（含税），业务宣传费 19.08 万元（含税），均收到相关方开具的增值税专用发票，税率均为 6%。已知该企业当月实现的销售收入有 150.00 万元，则账务处理和税法规定的处理分别是怎样的呢？

1. 财务方面

不含税的广告费支出 =24.34÷（1+6%）=22.96（万元）

不含税的业务宣传费支出 =19.08÷（1+6%）=18.00（万元）

增值税进项税额总计 =22.96×6%+18.00×6%=1.38+1.08=2.46（万元）

需要确认的销售费用总共就是 40.96 万元（22.96+18.00）。

借：销售费用——广告费   229 600.00
    ——业务宣传费   180 000.00
  应交税费——应交增值税（进项税额） 24 600.00
  贷：银行存款   434 200.00

也就是说，在计算会计利润时可以扣除的销售费用共 40.96 万元。

2. 税务方面

当月销售收入的 15%=150.00×15%=22.50（万元）

广告费支出 22.96 万元＞当月销售收入的 15%，业务宣传费支出 18.00 万元＜当月销售收入的 15%。因此，根据税法的规定，当月可以扣除的广告费支出只有 22.50 万元，剩余的 0.46 万元要在以后纳税年度结转扣除；当月可以扣除的业务宣传费支出是全额 18.00 万元。

在缴纳企业所得税时，假设财务方面计算出的利润总额为 30.00 万元，则应缴纳的企业所得税为 7.50 万元（30.00×25%）。而税务方面，由于当期只能扣除广告费支出为 22.50 万元，比会计上已经确认扣除的广告费支出少 0.46 万元，因此要做纳税调整，即应纳税所得额为 30.46 万元（30.00+0.46），应缴纳的企业所得税为 7.62 万元（30.46×25%），与会计上算出的应纳企业

所得税税额不相等。

由此可见，广告宣传费在财务处理和税务处理方面并没有想象中的那么简单，业务员只需清楚不是发生多少广告宣传费，就能在计缴企业所得税前扣除多少广告宣传费即可。

业务招待费是不是有多少就"算"多少

业务招待费指企业为了业务经营的合理需要而支付的招待费用。经济市场中，很多企业将经营管理过程中发生的很多费用都归类到业务招待费中，这种做法是不正确的。比如税法有明确规定，企业应将业务招待费与会议费进行严格区分，不能将业务招待费计入会议费，也不能将会议费和其他不属于业务招待费的费用归类到业务招待费中。

财务会计制度和税法虽然都没有对业务招待费的范围给予准确的界定，但在税务执法实践过程中，该类费用的开支范围主要包括如下情景。

- ◆ 因企业生产经营需要而组织宴请或提供工作餐的开支。
- ◆ 因企业生产经营需要而赠送纪念品的开支。
- ◆ 因生产经营需要而发生的旅游景点游览费、交通费和其他费用开支。
- ◆ 因企业生产经营需要而发生的业务关系人员的差旅费开支。

业务招待费一般是某些期间费用的明细核算项目，发生时需根据业务招待费发生的部门计入不同的期间费用，比如行政管理部门发生的业务招待费要计入管理费用，销售部门发生的业务招待费要计入销售费用等。

除此以外，还需要业务员了解的是，业务招待费与广告宣传费一样，并不是发生多少就"算"多少，在税法上也有明确的限额规定。

◆ 企业发生的与生产经营活动有关的业务招待费支出，按照发生额的60%扣除，但最高不得超过当年销售（营业）收入的5‰。超过限额的部分不能结转以后纳税年度扣除。

◆ 企业筹建期间发生的与筹办活动有关的业务招待费支出，可按实际发生额的60%计入企业筹办费，并按规定在税前扣除。实际上也是扣除发生额的60%，只不过没有销售收入的5‰的限制。

◆ 从事股权投资业务的企业，其从被投资企业分配的股息、红利和股权转让收入，需按照规定的比例计算业务招待费的扣除限额。

下面来看一个实例，了解业务招待费的处理。

7月，丙公司共发生业务招待费2.50万元（含税），其中行政管理部门发生业务招待费共1.00万元，销售部门发生业务招待费1.50万元，均取得增值税专用发票，税率均为6%。已知公司当月实现销售收入200.00万元，则账务处理和税法规定的处理分别是怎样的呢？

1. 财务方面

不含税业务招待费支出 =2.50÷（1+6%）=2.36（万元）

增值税进项税额 =2.36×6%=0.14（万元）

需要确认为管理费用的业务招待费 =1.00÷（1+6%）=0.94（万元）

需要确认为销售费用的业务招待费 =1.50÷（1+6%）=1.42（万元）

借：管理费用——业务招待费   9 400.00
  销售费用——业务招待费   14 200.00
  应交税费——应交增值税（进项税额） 1 400.00
  贷：银行存款   25 000.00

也就是说，在计算会计利润时可以扣除的业务招待费支出共2.36万元。

2. 税务方面

当月销售收入的 5‰ =200.00×5‰ =1.00（万元）

业务招待费支出的 60%（即 1.416 万元）＞当月销售收入的 5‰，因此，根据税法的规定，当月可以扣除的业务招待费支出只有 1.00 万元。

在缴纳企业所得税时，假设财务方面计算出的利润总额为 50.00 万元，则应缴纳的企业所得税为 12.50 万元（50.00×25%）。而税务方面，由于当期只能扣除业务招待费支出为 1.00 万元，比会计上已经确认扣除的业务招待费支出少 1.36 万元，因此要做纳税调整，即应纳税所得额为 51.36 万元（50.00+1.36），应缴纳的企业所得税为 12.84 万元（51.36×25%）。

学会从利润表看公司有没有赚钱

一家公司通过经营是否赚钱，主要看公司是否获得利润。而如何才能得知公司当期或一定期间内所获的利润信息呢？很显然，需要借助公司的利润表。这一点，相信很多业务员都或多或少知道。

在利润表中，能够反映企业获取利润情况的项目主要有 3 个：营业利润、利润总额和净利润。

（1）营业利润

营业利润指企业全部日常经营活动实现的利润，包括主营业务实现的利润和其他业务实现的利润。正常情况下，营业利润为正，说明企业经营过程盈利了。但是，有些企业如果发生太多营业外支出，则最终可能使企业面临经营亏损。

在本书第 1 章我们已经认识了四大财务报表，可根据多步式利润表概括得出营业利润的一般计算公式。

营业利润＝主营业务收入－主营业成本＋其他业务收入－其他业务成本－销售费用－财务费用－管理费用－研发费用－税金及附加－资产减值损失－信用减值损失－公允价值变动损失（＋公允价值变动收益）－投资损失（＋投资收益）±资产处置损益等

> **知识延伸｜为什么计算营业利润时没有考虑增值税**
>
> 增值税是价外税，实质上是销售方从购买方处代征的税款，并不是销售方自己实实在在缴纳的税款。虽然销售方在作为购买方将增值税进项税额交给销售方时，自己好像是缴纳了税款，但如果取得了增值税专用发票，这部分税款是可以抵扣的，对销售方来说实际上也没有缴纳增值税。因此，增值税不影响企业当期损益，也就不影响当期利润，所以在计算营业利润时没有考虑增值税。然而从管理的角度看，在价税合计相等的情况下，如果增值税越少，则营业收入就越多，从而影响利润。

看利润表中"营业利润"项目的正负，可初步判断企业是否赚钱。

甲公司为增值税一般纳税人，2020 年第一季度的利润表相关数据见表 6-8。假设其他项目数据为 0。

表 6-8　甲公司 2020 年第一季度利润表部分项目

项　　目	金额（万元）	项　　目	金额（万元）
营业收入	1 082.42	营业成本	877.10
投资收益	4.30	税金及附加	5.40
资产处置损益	3.80	销售费用	28.22
财务费用	3.00	管理费用	30.64
营业外收入	2.46	营业外支出	16.98

根据营业利润的计算公式，可得：

营业利润 =1 082.42-877.10+4.30-5.40+3.80-28.22-3.00-30.64=146.16（万元）

由此可初步判断，甲公司 2020 年第一季度的经营结果是赚钱了，且盈利

146.16 万元。

为什么说通过"营业利润"项目的正负只是初步判断企业是否赚钱呢？因为企业经营过程中有时还会发生营业外收支，也会影响最终利润的确定。更准确地判断企业是否赚钱，可借助"利润总额"项目。

（2）利润总额

利润总额是企业在一定时期内通过生产经营活动实现的最终财务成果，反映了日常经营活动和其他与经营活动无关的活动总的获利情况。换句话说，可以通过企业利润表中的"利润总额"项目的正负，判断企业经营最终是否真的赚钱。

根据多步式利润表的填列结构可知，利润总额的计算公式如下：

$$利润总额 = 营业利润 + 营业外收入 - 营业外支出$$

根据上一个案例中的甲公司 2020 年第一季度的利润表显示，营业外收入有 2.46 万元，营业外支出有 16.98 万元。根据利润总额的计算公式，可得：

利润总额 =146.16+2.46−16.98=131.64（万元）

由此判断，甲公司 2020 年第一季度的经营结果是赚钱了，紧接着就要缴纳企业所得税。

如果该案例中甲公司的营业外收支净额为负，且小于 −146.16 元，即营业外收入 − 营业外支出 < −146.16，则再加上营业利润的 146.16 元，最终利润总额就会为负数，此时企业就呈现出经营亏损的财务成果。这就是为什么说通过"营业利润"的正负只能初步判断企业是否赚钱，因为企业是否赚钱盈利，最终还要看"利润总额"项目是否为正。

（3）净利润

净利润指企业当期利润总额减去企业所得税后的金额，即企业的税后利润，是利润的留存，计算公式如下：

$$净利润 = 利润总额 - 利润总额 \times 企业所得税税率$$

这部分利润与企业前期剩余的可供分配利润之和，就是企业当期的可供分配利润。

根据前面两个案例中甲公司 2020 年第一季度的利润表数据，以及适用的企业所得税税率为 25%，可计算得出该公司当季应缴纳的企业所得税税额和最终获得的净利润。

应交企业所得税 =131.64×25%=32.91（万元）

净利润 =131.64−32.91=98.73（万元）

在本章前面小节学习有关费用的实际数与允许扣除数时，我们知道了如果企业存在纳税调整事项，则会影响企业所得税的应纳税额，进而影响最终的净利润数额。因此，实务中企业当期的净利润核算工作并没有这么简单。

公司盈利了要缴纳企业所得税

可能有一些业务员听说过"某某收入要交税，这种收入要交税，那种收入要交税"。这些说法中的"税"就指企业所得税，但是不是企业有收入就要缴纳企业所得税呢？答案显然不是。从上一节内容中净利润的知识可知，只有当企业盈利，才会缴纳企业所得税。那么，为什么有某某收入要交税、这种收入要交税等说法，这些说法正确吗？

其实，这些说法并没有错误。它们指企业在获得这些收入时，需要用来计算"应纳税所得额"，而应纳税所得额就是企业核算应交企业所得税的计税依据。只不过，会计上核算出来的用于计算应交企业所得税的利润总额与税法上规定的应纳税所得额在某些时候会存在差异。这就涉及前面内容提到过的纳税调整事项。

下面通过了解相应的计算公式来理解某些收入要缴税和公司盈利了要缴企业所得税的实际含义。

应纳税所得额 = 收入总额 - 不征税收入 - 免税收入 - 各项扣除 - 以前年度亏损

= 利润总额 ± 纳税调整事项的数额

上述第一个公式中的"收入总额"指企业以货币形式和非货币形式从各种来源取得的收入总和，包括销售货物收入、提供劳务收入、转让财产收入、利息收入、租金收入、特许权使用费收入、接受捐赠收入、补贴收入、汇兑收益以及股息、红利等权益性投资收益。

而不征税收入和免税收入分别指表 6-9 所示的一些收入。

表 6-9　不征税收入和免税收入的项目

项　　目	具体收入
不征税收入	指从性质和根源上不属于企业营利性活动带来的经济利益，不作为应纳税所得额组成部分的收入 1. 企业获取的财政拨款 2. 企业依法收取并纳入财政管理的行政事业性收费、政府性基金 3. 国务院规定的其他收入，即企业取得的，由国务院财政、税务主管部门规定专项用途并经国务院批准的财政性资金
免税收入	指属于企业的应税所得，但按税法规定免予征收企业所得税的收入 1. 企业获取的国债利息收入 2. 企业获得的符合条件的居民企业之间的股息、红利等权益性投资收益 3. 企业获得的符合条件的非营利组织的收入等

如果在核算收入总额时，企业已经算上了不征税收入，则要将不征税收入从收入总额中扣除，如前述计算公式所示。但如果在核算收入总额时就没

有考虑不征税收入，则不需要按照前述计算公式再次从收入总额中扣减不征税收入。

综上，之所以说某某收入要交税，指这样的收入要计入应纳税所得额缴纳企业所得税，至于最终应纳税所得额是正还是负，才是决定企业最终是否需要缴纳企业所得税的条件。应纳税所得额为正，需要缴纳企业所得税；应纳税所得额为负，不需要缴纳企业所得税。应纳税所得额才是企业盈利的直观体现。

剩余利润如何分配

这里所说的剩余利润，指企业利润总额扣除了应缴纳的企业所得税以后的利润数额，即净利润。这些利润与企业前期剩余的可供分配利润一起，构成了企业当期的可供分配利润。

企业当期可供分配利润 = 企业前期剩余的可供分配利润 + 当期净利润

= 企业年初未分配利润 + 当期净利润

更精确的计算公式是：

企业当期可供分配利润 = 企业年初未分配利润 + 当期净利润 + 其他转入

根据我国《中华人民共和国公司法》的规定，企业应按照净利润的 10% 提取法定盈余公积金，直到企业的法定盈余公积金累计额达到注册资本的 50% 时可以不再提取。一般来说，企业的净利润分配流程可参考图 6-1 所示的步骤进行。

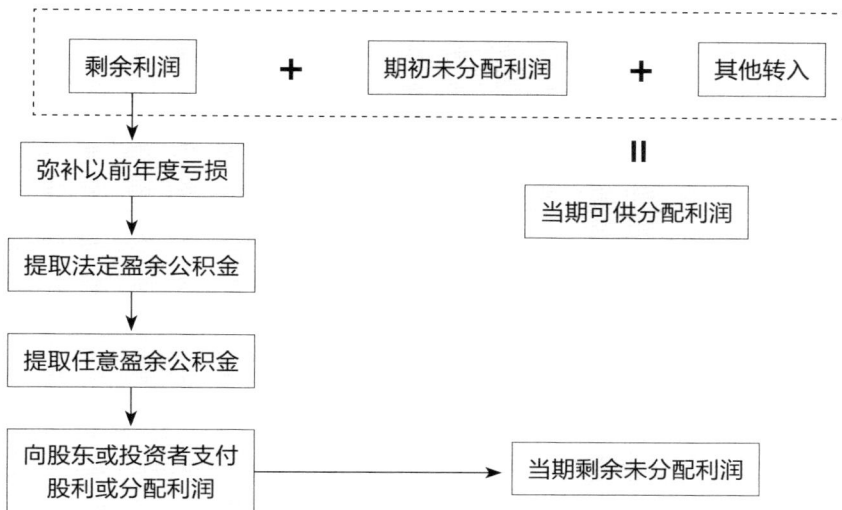

图 6-1　企业剩余利润的分配流程

由图 6-1 可知，企业当期在提取法定盈余公积和任意盈余公积时，按照当期的剩余利润（即实现的净利润）提取，而不是按照当期可供分配利润提取。而且，在剩余利润的基础上提取法定盈余公积、任意盈余公积等之前，企业还可利用剩余利润弥补以前年度亏损。若没有以前年度亏损，则剩余利润就直接开始进行分配，如提取各种盈余公积金、向股东或投资者支付股利或分配利润等。

（1）法定盈余公积金

法定盈余公积金也称法定盈余公积，是国家规定企业必须从税后利润中提取的盈余公积，且提取比例必须是 10%。只有当法定盈余公积累计金额达到企业注册资本的 50% 以上，才可不用提取。

企业提取的法定盈余公积主要有 3 个用途。

◆ 弥补企业以前年度亏损。

◆ 扩大企业生产经营规模。

◆ 转增企业资本。转增后留存的法定盈余公积不能少于转增前注册资本的 25%。

（2）任意盈余公积金

任意盈余公积金也称任意盈余公积，是股份制企业按照企业章程或股东大会的决议，从税后利润扣除了提取的法定盈余公积后的余额中提取的公积金。比如税后利润为 50.00 万元，则需要提取的法定盈余公积为 5.00 万元，则企业需要从剩余的 45.00 万元中提取相应比例的任意盈余公积。

任意盈余公积的提取与否并没有强制性，且具体的提取比例由股份制企业的股东大会决议或根据企业章程确定，可以是 10%，也可以是 5%、12% 等。任意盈余公积的作用与法定盈余公积的作用相同。

（3）向股东（投资者）支付股利（分配利润）

对企业来说，在将税后利润进行了法定盈余公积和任意盈余公积的提取后，还可对剩余的税后利润进行分配，即向股东支付股利，或者向投资者分配利润。但企业也可选择将剩余的税后利润进行留存，不向股东或投资者分配。这就要取决于企业的相关管理规定和实际经营情况了。

第 **7** 章

与自身收益有关的财务知识

业务员作为企业的一员，在为企业提供劳务的同时，必然会获取企业支付的劳务报酬，这是与自身收益相关的事。而劳务报酬的支付也需要企业进行相应的账务处理，其中涉及的财务知识就需要业务员切实掌握。比如个人所得税的计算、社保和住房公积金的缴纳等。

了解个人所得税的征收范围

个人所得税是对个人取得的各项应税所得征收的一种所得税，这里的个人包括本国公民、居住在本国境内的个人和境外个人，而应税所得则是来源于本国的所得。根据这些纳税义务人身份的不同，可将其分为两类。

◆ 居民纳税人。

居民纳税人指在中国境内有住所，或者无住所但一个纳税年度内在中国境内居住累计满 183 天及以上的个人。这类纳税人负有完全纳税义务，即必须以其来源于中国境内、境外的全部所得缴纳个人所得税。

◆ 非居民纳税人。

非居民纳税人指在中国境内无住所也不居住，或者无住所但一个纳税年度内在中国境内居住累计不满 183 天的个人。这类纳税人只需要以其来源于中国境内的所得缴纳个人所得税。换句话说，其获取的源于中国境外的所得不需要按照我国法律、法规的规定缴纳个人所得税。

那么，对于负有缴纳个人所得税义务的居民纳税人和非居民纳税人来说，具体需要针对哪些所得缴纳个人所得税呢？表 7-1 所示是个人所得税的征税范围，细分为 9 个应税项目。

表 7-1　个人所得税的征收范围

应税项目	范　围
工资、薪金所得	包括因任职或受雇而取得的工资、薪金、奖金、年终加薪、劳动分红、津贴、补贴和与任职或受雇有关的其他所得。但不包括独生子女补贴、托儿补助费、差旅费津贴、误餐补助以及执行公务员工资制度未纳入基本工资总额的补贴、津贴差额和家属成员的副食补贴等

续表

应税项目	范　围
劳务报酬所得	包括个人独立从事设计、装潢、安装、制图、医疗、法律、会计、咨询、讲学、翻译、身高、书画、雕刻、影视、录音、演出、表演、介绍服务、技术服务、经纪服务和代办服务等非雇佣的各种劳务所取得的所得
稿酬所得	指个人因为自己的文学作品、书画作品、摄影作品和其他作品等以图书、报刊形式出版、发表而取得的所得。若作者去世，财产继承人取得稿酬所得后也要缴纳个人所得税
特许权使用费所得	包括个人提供专利权、商标权、著作权、非专利技术以及其他特许权的使用权所取得的所得。这里需要进行严格的区分：作者将自己的文字作品手稿原件或复印件公开拍卖竞价而取得的所得，属于提供著作权的使用权所得，而不是稿酬所得
经营所得	主要包括 4 类： 1. 个人通过在中国境内注册登记的个体工商户、个人独资企业和合伙企业从事生产、经营活动取得的所得 2. 个人依法取得执照，从事办学、医疗、咨询及其他有偿服务活动取得的所得 3. 个人承包、承租、转包、转租取得的所得 4. 个人从事其他生产、经营活动取得的所得
利息、股息、红利所得	包括个人因拥有债权、股权而取得的利息、股息、红利所得
财产租赁所得	包括个人出租不动产、土地使用权、机器设备、车船以及其他财产取得的所得
财产转让所得	包括个人转让有价证券、股权、合伙企业中的财产份额、不动产、土地使用权、机器设备、车船以及其他财产取得的所得。如果企业以非货币性资产投资，属于个人转让非货币性资产和投资同时发生，理应缴纳个人所得税
偶然所得	包括个人得奖、中奖、中彩以及其他偶然性质的所得

　　在工资、薪金所得这一应税项目的范围中，有一些关于工资、薪金所得的特殊规定，涉及个人所得税的缴纳问题，业务员可直接进入国家税务总局官网查询相应的政策文件内容作详细了解。

个人所得税政策解读

在财政部和税务总局联合发布的《关于境外所得有关个人所得税政策的公告》（财政部 税务总局公告 2020 年第 3 号）中，第八条规定：居民个人取得境外所得，应当向中国境内任职、受雇单位所在地主管税务机关办理纳税申报；在中国境内没有任职、受雇单位的，向户籍所在地或中国境内经常居住地主管税务机关办理纳税申报；户籍所在地与中国境内经常居住地不一致的，选择其中一地主管税务机关办理纳税申报；在中国境内没有户籍的，向中国境内经常居住地主管税务机关办理纳税申报。

在该规定中，只要是居民个人，无论是否其在中国境内有户籍，都需要就其取得的境外所得缴纳个人所得税。而对于在中国境内有户籍的居民个人来说，无论其是否在中国境内有任职或受雇单位，均要向相关税务机关办理纳税申报。只不过，根据不同的情形，在选择税务机关时有明显不同。

在财政部和税务总局联合发布的《关于非居民个人和无住所居民个人有关个人所得税政策的公告》（财政部 税务总局公告 2019 年第 35 号）中，第一条第一项规定：个人取得归属于中国境内（以下称境内）工作期间的工资薪金所得为来源于境内的工资薪金所得。境内工作期间按照个人在境内工作天数计算，包括其在境内的实际工作日以及境内工作期间在境内、境外享受的公休假、个人休假、接受培训的天数。在境内、境外单位同时担任职务或者仅在境外单位任职的个人，在境内停留的当天不足 24 小时的，按照半天计算境内工作天数。

在该规定中，个人在境内的工作天数不仅包括实际工作日，还包括个人在境内、境外享受的公休假、个人休假和接受培训等的天数。如果个人在境内、境外单位同时担任职务或只在境外单位任职，需要计算其在境内工作的天数，并据此计缴个人所得税，如果在境内停留的当天不足 24 小时，则按半天计算境内工作天数。

在财政部和税务总局联合发布的《关于公益慈善事业捐赠个人所得税政策的公告》（财政部 税务总局公告 2019 年第 99 号）中，第一条规定：个人通过中华人民共和国境内公益性社会组织、县级以上人民政府及其部门等国家机关，向教育、扶贫、济困等公益慈善事业的捐赠（以下简称公益捐赠），发生的公益捐赠支出，可以按照个人所得税法有关规定在计算应纳税所得额时扣除。

在该规定中，个人发生的公益慈善事业捐赠要想在计算个人所得税前扣除，则这些捐赠支出必须是通过规定中列举的公益慈善组织、机构等进行。如果不是通过这些公益慈善组织、机构进行公益捐赠，则个人发生的捐赠支出不能在计算缴纳个人所得税时从应纳税所得额中扣除。

该规定中所称的"境内公益性社会组织"包括依法设立或登记并按规定条件和程序取得公益性捐赠税前扣除资格的慈善组织、其他社会组织和群众团体。

在国家税务总局发布的《关于小型微利企业和个体工商户延缓缴纳 2020 年所得税有关事项的公告》（国家税务总局公告 2020 年第 10 号）中，第二条规定：2020 年 5 月 1 日至 2020 年 12 月 31 日，个体工商户在 2020 年剩余申报期按规定办理个人所得税经营所得纳税申报后，可以暂缓缴纳当期的个人所得税，延迟至 2021 年首个申报期内一并缴纳。其中，个体工商户实行简易申报的，2020 年 5 月 1 日至 2020 年 12 月 31 日期间暂不扣划个人所得税，延迟至 2021 年首个申报期内一并划缴。

从该规定可以看出，个体工商户需要缴纳的是个人所得税，而不是企业所得税。另外，个体工商户在 2020 年 5 月 1 日至 2020 年 13 月 31 日期间需要缴纳的个人所得税，需要在 2020 年剩余申报期内按规定办理个人所得税经营所得纳税申报，但款项的缴纳可暂缓，具体延迟到 2021 年的第一个申报期内一并缴纳，即个体工商户 2020 年 5 月 1 日至 2020 年 12 月 31 日期间所需缴纳的个人所得税税款，可在 2021 年的第一个申报期内统一缴纳。

除此以外，个人所得税还有其他一些新政策，作为业务员，可利用闲暇时间，慢慢研读这些政策内容，对了解并核算个人工资及应缴纳的个人所得税等有显著的帮助。

个人所得税的免征额与起征点是不同的

可能很多业务员都不知道，个人所得税涉及的免征额和起征点，这两者的概念是完全不同的，在用来核算应交个人所得税时，结果也有很大差异。下面就分别对这两个财务术语进行详细介绍。

（1）免征额

免征额是税法规定的课税对象中免于征税的数额，无论课税对象的数额是多少，免征额的部分均不征税，只对超过免征额的部分征税。

比如个人获得的劳务报酬所得和特许权使用费所得等，每次收入不超过 4 000 元的，减除费用 800 元后的余额作为收入额计缴个人所得税；每次收入超过 4 000 元的，减除 20% 的费用后的余额作为收入额计缴个人所得税。这里规定的减除费用 800 元和减除 20% 的费用就是免征额。

又比如综合所得的个人所得税应纳税额：

$$应纳税额 = 应纳税所得额 × 适用税率 - 速算扣除数$$

$$= （每一纳税年度的收入额 - 费用 6.00 万元 - 专项扣除 - 专项$$

$$附加扣除 - 依法确定的其他扣除）× 适用税率 - 速算扣除数$$

在该计算公式中，"费用 6.00 万元"也属于免征额。

（2）起征点

起征点又称起税点，即征税起点，指税法规定对课税对象开始征税的最低界限，个人收入没达到这一界限（即起征点）的不缴纳个人所得税，但如果收入达到了这一界限，个人纳税人就需要按其全部收入计缴个人所得税。

起征点的概念在实务中的使用情况非常少，为了能更清晰明了地认识免征额与起征点在个人所得税的计缴中的区别，来看下面案例。

某公司的 3 名员工 A、B、C，7 月的工资总额分别是 4 999.00 元、5 000.00 元、5 001.00 元。不考虑其他因素，相关税率适用综合所得个人所得税税率表和工资薪金所得个人所得税税率表。

1. 如果每月计缴个人所得税时，费用 5 000.00 元是免征额，则：

员工 A 应纳税所得额 =4 999.00-5 000.00=-1.00（元）

由于员工 A 的个人所得税应纳税所得额为负，因此无须缴纳个人所得税。

员工 B 应纳税所得额 =5 000.00-5 000.00=0.00（元）

员工 B 应纳税额 =0.00×3%-0.00=0.00（元）

员工 B 也不需要缴纳个人所得税。

员工 C 应纳税所得额 =5 001.00-5 000.00=1.00（元）

员工 C 应纳税额 =1.00×3%-0.00=0.03（元）

员工 C 需要缴纳个人所得税 0.03 元。

2. 如果每月计缴个人所得税时，费用 5 000.00 元是起征点，则：

员工 A 工资 4 999.00 元没有达到起征点，不需要缴纳个人所得税。

员工 B 工资 5 000.00 元刚好达到起征点，要针对全额工资数缴纳个人所得税。

员工 B 应纳税额 =5 000.00×10%−210.00=290.00（元）

员工 B 需要缴纳个人所得税 290.00 元。

员工 C 工资 5 001.00 元达到且超过了起征点，要针对全额工资数缴纳个人所得税。

员工 C 应纳税额 =5 001.00×10%−210.00=290.10（元）

员工 C 需要缴纳个人所得税 290.10 元。

对比两种情况下 3 位员工缴纳个人所得税的情况可知，员工 A 都不需要缴纳；员工 B 在费用 5 000.00 元是免征额时不缴，但在起征点时需要缴纳 290.00 元的税款；员工 C 在费用 5 000.00 元是免征额时只需缴纳 0.03 元的税款，但在起征点时需要缴纳 290.10 元的税款。很明显，费用 5 000.00 元是免征额还是起征点，对员工个人缴纳个人所得税的影响非常大。

了解个人所得税的专项附加扣除

个人所得税的专项附加扣除指个人所得税法规定的子女教育、继续教育、大病医疗、住房贷款利息、住房租金和赡养老人等 6 项专项附加扣除。如果个人发生了这些支出，可在计缴个人所得税时按照各自的规定扣除标准从收入总额中扣除，以此减少应纳税所得额，从而可减少应纳税额，减轻个人的纳税负担。下面就来看看这些专项附加扣除的扣除标准。

（1）子女教育专项附加扣除

纳税人的子女接受学前教育和学历教育的相关支出，按照每个子女每年12 000 元（每月 1 000 元）的标准定额扣除。纳税人可选择由自己一方按扣除标准的 100% 扣除，也可选择与配偶一起分别按扣除标准的 50% 扣除，具体的扣除方式在一个纳税年度内不能变更。

这里的学前教育指年满 3 岁至小学入学前一个月的教育；学历教育则包括义务教育（小学和初中教育）、高中阶段教育（普通高中、中等职业、技工教育）和高等教育（大学专科、大学本科、硕士研究生和博士研究生教育）。

注意，如果纳税人的子女在中国境外接受教育，则应留存境外学校录取通知书和留学签证等相关教育的证明资料备查。

（2）继续教育专项附加扣除

纳税人在中国境内接受学历（学位）继续教育的支出，在学历（学位）教育期间按照每年 4 800 元（每月 400 元）定额扣除。个人接受本科及以下（学位）继续教育，符合本办法规定扣除条件的，该项继续教育可由其父母按照子女教育支出扣除，也可以由本人按照继续教育支出扣除，但不得同时扣除。

学历（学位）继续教育指在中国境内接受学历（学位）继续教育入学的当月至学历（学位）继续教育结束的当月；同一学历（学位）教育的扣除期限最长不得超过 48 个月。

纳税人接受技能人员职业资格继续教育、专业技术人员职业资格继续教育的支出，在取得相关证书的年度，按照每年 3 600 元定额扣除。

纳税人享受技能人员职业资格继续教育和专业技术人员职业资格继续教

育扣除的，应留存相关证书等资料备查。

（3）大病医疗专项附加扣除

在一个纳税年度内，纳税人发生的与基本医保相关的医药费用支出，扣除医保报销后个人负担（指医保目录范围内的自付部分）累计超过 15 000 元的部分，由纳税人在办理年度汇算清缴时，在 80 000 元限额内据实扣除。

纳税人发生的医药费用支出可选择由本人扣除，也可选择由自己的配偶扣除；未成年子女发生的医药费用支出可选择由其父母一方扣除。换句话说，如果纳税人的子女发生了医药费用支出，且符合大病医疗专项附加扣除的条件，则纳税人可将这部分支出按规定进行大病医疗专项附加扣除。

纳税人应留存医疗服务收费和医保报销相关票据原件（或复印件）等资料备查，而医疗保障部门应向患者提供在医疗保障信息系统中记录的本人年度医药费用信息查询服务。

（4）住房贷款利息专项附加扣除

纳税人本人或其配偶单独或共同适用商业银行或住房公积金个人住房贷款为本人或其配偶购买中国境内住房，发生的首套住房贷款利息支出，在实际发生贷款利息的年度，可按照每年 12 000 元（每月 1 000 元）标准定额扣除。经夫妻双方约定，可选择其中一方扣除，具体扣除方式在一个纳税年度内不能变更。该专项附加扣除的注意要点见表 7-2。

表 7-2　住房贷款利息专项附加扣除的注意事项

要　　点	注意事项
实际发生贷款利息的年度	指贷款合同约定开始还款的当月至贷款全部归还或贷款合同终止的当月，扣除期限最长不得超过 240 个月（20 年）
非首套住房	如果纳税人发生的住房贷款利息不是首套住房的，则对应的住房贷款利息不得作为专项附加扣除

续表

要　点	注意事项
享受次数	纳税人只能享受一次首套住房贷款的利息扣除
夫妻双方分别发生的首套住房贷款	夫妻双方婚前分别购买住房发生的首套住房贷款，其贷款利息支出在婚后可以选择其中一套购买的住房，由购买方按扣除标准的 100% 扣除，也可由夫妻双方对各自购买的住房分别按扣除标准的 50% 扣除，具体扣除方式在一个纳税年度内不能变更
凭证、资料	纳税人应留存住房贷款合同和贷款还款支出凭证等备查

（5）住房租金专项附加扣除

纳税人本人及其配偶在纳税人的主要工作城市没有住房，而在主要工作城市租赁住房，发生的住房租金支出，可按照以下标准定额扣除。

◆ 纳税人承租的住房位于直辖市、省会城市、计划单列市以及国务院确定的其他城市，扣除标准为每年 18 000 元（每月 1 500 元）。

◆ 纳税人承租的住房位于其他城市，且市辖区户籍人口超过 100 万的，扣除标准为每年 13 200 元（每月 1 100 元）。

◆ 纳税人承租的住房位于其他城市，且市辖区户籍人口不超过 100 万的，扣除标准为每年 9 600 元（每月 800 元）。

纳税人的配偶在纳税人的主要工作城市有自有住房的，视同纳税人在主要工作城市有自有住房，即使发生了住房租金，也不能作为专项附加扣除。

在该项专项附加扣除规定中，需要明确的要点见表 7-3。

表 7-3　住房租金专项附加扣除的注意事项

要　点	注意事项
享受时间	租赁合同或协议约定的房屋租赁期开始当月至租赁期结束当月，提前终止合同或协议的，以实际租赁期限为准
具体的扣除人	住房租金支出由签订租赁住房合同的承租人扣除

续表

要　　点	注意事项
主要工作城市	指纳税人任职或受雇的直辖市、计划单列市、副省级城市、地级市（地区、州、盟）全部行政区域范围；纳税人没有任何受雇单位的，主要工作城市为受理其综合所得汇算清缴的税务机关所在城市
夫妻双方主要工作城市相同	只能由一方扣除住房租金支出
不能同时享受	纳税人及其配偶在一个纳税年度内不能同时分别享受住房贷款利息和住房租金专项附加扣除
市辖区户籍人口的确定	以国家统计局公布的数据为准
凭证、资料	纳税人应留存住房租赁合同或协议等有关资料备查

（6）赡养老人专项附加扣除

纳税人赡养一位及以上被赡养人的赡养支出，按照以下标准定额扣除。

◆ 纳税人为独生子女的，按照每年 24 000 元（每月 2 000 元）的标准定额扣除。

◆ 纳税人为非独生子女的，应与其兄弟姐妹分摊每年 24 000 元（每月 2 000 元）的扣除额度。可以由赡养人均摊或约定分摊，也可由被赡养人指定分摊，具体分摊方式和额度在一个纳税年度内不能变更。其中约定分摊或指定分摊的，必须签订书面分摊协议，每一个纳税人分摊的扣除额最高不得超过每年 12 000 元（每月 1 000 元），且指定分摊优先于约定分摊，当指定分摊与约定分摊的意见不一致时，以指定分摊为准。

纳税人可享受赡养老人专项附加扣除的时限为被赡养人年满 60 周岁的当月至赡养义务终止的年末。

注意，如果纳税人赡养两人及以上被赡养人的，总的扣除定额不按被赡养人人数加倍扣除。另外，这里所称的被赡养人指年满 60 岁的父母以及子女均已去世的年满 60 岁的祖父母、外祖父母。

汇算清缴是怎么回事儿

汇算清缴主要指所得税和一些其他实行预缴税款办法的税种在年度终了后进行的税款汇总结算清缴工作，比如企业所得税、个人所得税等。

在汇算清缴制度下，为了保证税款及时、均衡收入国库，实际工作中一般实行分月或分季预缴税款，年终汇算清缴，多退少补的征收办法。分月或分季预缴时，通常按纳税人本月或本季度的课税依据计算应纳税款，与年终汇算清缴时的课税依据往往不一致，而这就涉及汇算清缴时的税款多退少补。下面从清缴的对象、关键点以及清缴时间等方面深入了解汇算清缴。

（1）汇算清缴的对象

汇算清缴的对象指需要进行汇算清缴的单位和个人，凡是财务会计制度健全、账目清楚，成本资料、收入和费用凭证等齐全，核算规范，能正确计算应纳税所得额，经税务机关认定适用查账征收的企业，以及负有缴纳个人所得税的个人，均应在年终进行所得税的汇算清缴。具体表现为两类。

- ◆ 企业：国有企业、集体企业、私营企业、联营企业、股份制企业、在中国境内设立的中外合资经营企业、中外合作经营企业、外资企业以及有生产经营所得和其他所得的组织。
- ◆ 部分企业和个人：个人独资企业、合伙企业投资者、个人合伙性质的机构或组织以及自然人个人。

（2）汇算清缴的关键

在汇算清缴工作中，单位和个人需要掌握的关键点主要有三个，见表 7-4。

表 7-4　汇算清缴的关键

关键点	企业所得税汇算清缴	个人所得税汇算清缴
收入的确认	纳税人的全年应税收入额，注意新税法引入了公允价值的概念	纳税人的全年应税收入额
费用的扣除	按照新税法的规定，对合理的、与企业生产经营活动有关的费用进行扣除	按照新税法的规定，扣除固定费用 6 万元、专项扣除、专项附加扣除和其他扣除
纳税调整	会计制度与税法规定存在差异，导致应纳税所得额可能不等于利润总额，此时要按照税法的规定进行调整，计算出最终的应纳税所得额计缴企业所得税	将在月度预缴个人所得税时多扣除的费用重新加回到应纳税所得额中计缴个人所得税

（3）汇算清缴对应的纳税义务年度

一般来说，汇算清缴概念中的"年度终了"中的"年度"指公历 1 月 1 日起至 12 月 31 日止，但也有特殊情况。

如果企业在一个纳税年度中间开业或终止经营，使得该纳税年度的实际经营期不足 12 个月，则以其实际经营期为一个纳税年度。

另外，企业依法清算时，应以清算期间作为一个纳税年度。

（4）汇算清缴的时间

汇算清缴的时间指纳税人办理汇算清缴的时限。不同税种的汇算清缴时间是不同的，且同一种税的不同情形也有不同的汇算清缴时间。表 7-5 是企业所得税和个人所得税的汇算清缴时间。

表 7-5　企业所得税和个人所得税的一些汇算清缴时间

税　　种	情形	汇算清缴时间
企业 所得税	正常情况	自年度终了之日起 5 个月内办理
	企业在年度中间终止经营活动的	自实际经营终止之日起 60 日内办理
个人 所得税	居民个人取得综合所得	在取得所得的次年 3 月 1 日～ 6 月 30 日内办理
	非居民个人取得综合所得	不办理汇算清缴
	纳税人取得经营所得	在取得所得的次年 3 月 31 日前办理

一般来说，办理汇算清缴的地点就是企业所得税和个人所得税的纳税申报地点。

下面通过一个实例，来了解企业所得税的汇算清缴工作。

乙公司是一家服装生产企业，适用企业所得税为 25%。2019 年度的各月应纳税所得额见表 7-6。假设各月无其他减免税额和抵免税额。

表 7-6　乙公司 2019 年度各月应纳税所得额

月份	应纳税所得额（万元）	月份	应纳税所得额（万元）
1 月	46.82	7 月	64.52
2 月	52.20	8 月	60.38
3 月	50.96	9 月	54.92
4 月	47.34	10 月	48.10
5 月	58.62	11 月	58.22
6 月	61.44	12 月	61.46

1 月应交企业所得税 =46.82×25%=11.71（万元）

2 月应交企业所得税 =52.20×25%=13.05（万元）

3 月应交企业所得税 =50.96×25%=12.74（万元）

4 月应交企业所得税 =47.34×25%=11.84（万元）

5 月应交企业所得税 =58.62×25%=14.66（万元）

6 月应交企业所得税 =61.44×25%=15.36（万元）

以相同的计算方式算出 7 ～ 12 月每月分别应交企业所得税 16.13 万元、15.10 万元、13.73 万元、12.03 万元、14.56 万元、15.37 万元。

2019 年全年预缴企业所得税税款 =11.71+13.05+12.74+11.84+14.66+15.36+16.13+15.10+13.73+12.03+14.56+15.37=166.28（万元）

假设乙公司在 2020 年 1 月进行汇算清缴时发现公司 2019 年度存在纳税调整事项，需要调增应纳税所得额 12.02 万元，调减应纳税所得额 8.96 万元。

汇算清缴时核算的 2019 年全年应交企业所得税 =（46.82+52.20+50.96+47.34+58.62+61.44+64.52+60.38+54.92+48.10+58.22+61.46+12.02−8.96）×25%=668.04×25%=167.01（万元）

与当年预缴的企业所得税税款相比，乙公司还需补缴企业所得税税款 0.73 万元（167.01−166.28）.

实际的汇算清缴工作中，关于纳税调整事项以及调整金额等确定是非常复杂的，业务员只需了解企业和个人在年度终了后分别会针对应交的企业所得税和个人所得税进行汇算清缴即可。

各种职工福利、奖金要计入工资

企业在核算各员工的应付工资时，需要考虑的内容是方方面面的，哪些津贴、福利和补贴可以计入工资，哪些不能计入工资，这些都是有讲究的。业务员几乎对这些知识没有清晰的认识，而为了保障自己的利益不受损，业务员以及其他员工很有必要了解职工福利费和奖金等的核算处理问题。

根据国家税务总局关于工资薪金和职工福利费等支出税前扣除问题的相关政策的规定可知，企业的福利性补贴如果列入企业员工工资薪金制度，固定与工资薪金一起发放，且符合国税函〔2009〕3 号文件《国家税务总局关于企业工资薪金及职工福利费扣除问题的通知》第一条关于工资薪金的规定，则这样的福利性补贴可作为工资薪金支出，按规定在税前扣除。也就是说，可选择计入工资核算的福利性补贴必须符合如下 3 个条件。

◆　该项福利性补贴列入员工工资薪金制度。

◆　该项福利性补贴是固定的且与工资薪金一起发放。

◆　该项福利性补贴满足税法关于工资薪金合理性要求的条件。

简单理解为，企业的职工福利费是否计入工资，要看企业的薪酬管理制度是怎样规定的。如果规定计入工资，且固定地与工资一起发放，则计入工资进行核算；若单独发放，则作为职工福利费单独核算，并按规定比例在税前扣除。比较常见的职工福利有社会保险、产假工资和上下班交通补贴等。

那么，又有哪些奖金是可以计入工资核算的呢？

◆　生产经营方面：年终奖金、超额完成产量的奖金、生产产品质量高的奖金、生产安全性高的奖金等。

◆　经营管理方面：节约各种动力、燃料和原材料所获得的奖金，定期的劳动模范奖励和优秀员工奖励等。

除此以外，能够计入员工工资进行核算的还有部分津贴，业务员也可进行简单的了解。

◆　给特殊职工或职工额外劳动消耗等津贴：高空津贴、井下津贴和野外工作津贴等。

◆ 技术性津贴：科研津贴、工人技术津贴和特殊教育津贴等。

◆ 其他津贴：工龄津贴、直接支付给员工个人的伙食津贴、购房或租
房津贴等。

无论是计入工资的职工福利、奖金和津贴，还是不能计入工资的职工福
利、奖金和津贴，在财务上均使用"应付职工薪酬"科目进行增减变动的核
算。计入工资的职工福利、奖金和津贴，以"应付职工薪酬——工资、奖金、
津贴和补贴"科目核算；不能计入工资的职工福利、奖金和津贴，以"应付
职工薪酬——职工福利费"科目核算。可以看出，两者的明细核算科目不同。

员工社保分单位缴纳部分和个人缴纳部分

根据我国相关法律、法规和财税政策的规定，市场中的经营企业必须按
规定为内部员工购买社会保险。社会保险就是我们常说的"五险一金"中的"五
险"，先从其含义来认识这些社会保险，见表7-7。

表 7-7　社会保险的五大险种

险　　种	情　　形
基本养老保险	是国家根据法律、法规的规定强制建立和实施的一种社会保险制度。在该制度下，用人单位和劳动者必须依法缴纳养老保险费，当劳动者达到国家规定的退休年龄或因其他原因而退出劳动岗位后，社会保险经办机构就会依法向其支付养老金等待遇，保障其基本生活
基本医疗保险	是为了补偿劳动者因疾病风险造成的经济损失而建立的一项社会保险制度。通过用人单位和个人缴费，建立医疗保险基金，参保人员患病就诊发生医疗费用后，由医疗保险经办机构给予一定的经济补偿，以避免或减轻劳动者因患病、治疗等带来的经济风险

续表

险　　种	情　　形
失业保险	是国家通过立法强制实行的，由用人单位和职工个人缴费及国家财政补贴等渠道筹集资金建立失业保险基金的一种社会保险制度。该制度对因失业而暂时中断生活来源的劳动者提供物质帮助以保障其基本生活，并通过专业训练、职业介绍等手段为失业人员再就业创造条件
工伤保险	又称职业伤害保险，是通过社会统筹的办法，集中用人单位缴纳的保险费，建立工伤保险基金的一种社会保险制度。在该制度下，劳动者在生产经营活动中遭受意外伤害或患职业病，由此造成死亡、暂时或永久丧失劳动能力时，工伤保险经办机构给予劳动者必要的经济补偿和实用性法定的医疗救治
生育保险	是国家通过立法，在怀孕和分娩的妇女劳动者暂时中断劳动时，由国家和社会提供医疗服务、生育津贴和产假的一种社会保险制度。女职工生育的检查费、接生费、手术费、住院费、药费以及女职工生育出院后因生育引起疾病的医疗费等在规定范围内由生育保险基金支付；女职工依法享受产假期间的生育津贴

在这五种社会保险中，基本养老保险、基本医疗保险和失业保险这三种需要用人单位和职工个人分别缴纳各自应负担的那部分保险费；而工伤保险和生育保险只需要由用人单位缴纳即可，职工个人无须缴纳保险费。

同一地区的用人单位和职工个人，针对同一种社会保险，其缴费比例是不同的。而不同地区的用人单位和职工个人，其用人单位的缴费比例或职工个人的缴费比例都会不同。表 7-8 是 2019 年北京市社会保险缴费比例情况。

表 7-8　2019 年北京市社会保险缴费比例

险　　种	单　　位	个　　人
基本养老保险	16%	8%
基本医疗保险	9%	2%+3 元
大病医疗保险	1%	

续表

险　种	单　位	个　人
失业保险	0.8%	0.2%
工伤保险	0.2% ~ 1.9%	不缴
生育保险	0.8%	不缴

需要注意的是，从 2019 年 12 月起，北京市的基本医疗保险缴费比例上调至 9.8%，大病医疗保险缴费比例不变；而 2020 年 2 月起，医疗保险单位缴费比例下调至 5.4%。

一般来说，我国的社会保险缴费基数和缴费比例会每年调整一次，且大概时间在 6 月或 7 月。但有时遇到国情需要，会做临时调整。

在财务会计上，用人单位为职工缴纳的社会保险费，需根据各职工所在部门或者岗位性质的不同，计入相应的成本费用中。为生产车间生产工人缴纳的社会保险费，计入生产成本；为生产车间管理人员缴纳的社会保险费，计入制造费用；为人力资源部和财务部等行政管理部门的职工和管理人员缴纳的社会保险费，计入管理费用；为销售人员缴纳的社会保险费，计入销售费用。

而个人缴纳的社会保险费，在财务会计上需要财会人员从职工的应付职工薪酬中代扣代缴，一般通过"其他应收款"科目进行核算。在向职工发放工资时，代扣个人需要缴纳的社会保险费，贷记"其他应收款"科目；在公司代缴社会保险费时，借记"其他应收款"科目，以作转销。

业务员要清楚地知道，自己的应发工资在扣除了应缴纳的社会保险费和个人所得税后，才是实发工资。并且，缴纳个人所得税前需要先扣除应缴纳的社会保险费和住房公积金。

住房公积金缴存比例与缴存要点

住房公积金就是一种长期住房储蓄，由国家机关、事业单位、国有企业、城镇集体企业、外商投资企业、城镇私营企业、其他城镇企业与事业单位、民办非企业单位和社会团体等与其在职职工对等缴存。也就是说，单位和职工个人缴纳住房公积金的比例是相等的。

在我国，目前适用的住房公积金缴存比例范围为 5% ～ 12%。如果单位缴存 5%，则个人也缴存 5%；如果单位缴存 10%，则个人也缴存 10%。

很多在职人员都不清楚自己是否需要缴纳住房公积金，更别说普通大众了，而住房公积金关系着个人的利益，因此个人，包括企业的业务员，需要切实掌握缴存住房公积金的下列要点。

◆ 住房公积金只在城镇建立，农村不建立住房公积金制度。

换句话说，农村的务农人员可以自行缴纳社会保险费，但无须缴存住房公积金。

◆ 只有在职职工才建立住房公积金制度。

如果是没有工作的城镇居民或者是离退休职工，则不实行住房公积金制度，这些人无须缴存住房公积金。

◆ 个体工商户和自由职业人员可申请缴存。

城镇个体工商户和自由职业人员，可选择申请缴存住房公积金。但并不是每个地区、城市的住房公积金管理中心都允许城镇个体工商户和自由职业人员缴存住房公积金，具体情况要咨询当地住房公积金管理机构。

◆ 住房公积金代扣代缴。

与社会保险费一样，个人需缴存的住房公积金部分，一般由任职的用人单位进行代扣代缴，企业在为职工代缴住房公积金时连同单位缴存的部分，一并缴存在住房公积金个人账户内。

◆ 住房公积金需长期、稳定地缴存。

住房公积金制度一经建立，职工在职期间必须不间断地按规定缴存，不得中止和中断，但职工离退休或发生《住房公积金管理条例》规定的其他情形除外。住房公积金与社会保险一样，具有统一性、规范性和强制性。

◆ 缴存的住房公积金必须专款专用。

在外国，住房公积金可用于个人发生的与房产直接相关的消费支出，如支付购房货款、支付新住房装修费支出、支付房屋租赁费等。

◆ 什么时候才能将住房公积金提现。

通常，住房公积金是不能用于提现的，职工只有在离退休、死亡或完全丧失劳动能力并与用人单位终止劳动关系或户口迁出原居住城市时，才可提取本人账户内的住房公积金。

◆ 逾期不缴存的后果。

用人单位逾期不缴或少缴住房公积金的，由住房公积金管理中心责令其限期内缴存；若责令期限届满后仍然不缴存的，住房公积金管理中心可申请人民法院强制执行。

◆ 单位不办理住房公积金缴存登记的后果。

如果单位不办理住房公积金缴存登记，或者不为单位职工办理住房公积金账户设立手续，则住房公积金管理中心会责令企业限期办理；企业逾期不办理的，会被处 1 万元以上 5 万元以下的罚款。

知识延伸│什么是住房公积金贷款

个人住房公积金贷款指住房公积金管理中心用住房公积金，委托商业银行向购买、建造、翻修和大修自住住房、集资合建房的住房公积金存款人发放的优惠贷款。它与住房公积金是两个概念，可简单理解为要想获得住房公积金贷款，个人必须要有缴存的住房公积金。

个人住房公积金贷款有不同等级的贷款额度，分 A 级、AA 级和 AAA 级，额度依次升高。贷款额度的确认可用如下计算公式。

借款人贷款额度＝（借款人月缴存数额÷借款人公积金缴存比例＋借款人配偶公积金月缴存数额÷借款人配偶公积金缴存比例）×50%×12（个月）×借款期限

同时贷款额度还要满足这样的条件：购买首套普通自住房，贷款额度不能超过所购住房价款的70%。

个人住房公积金贷款的还款方式有两种：每月等额本息还款法和每月等额本金还款法。

应缴纳的个人所得税由公司代扣代缴

受聘或任职于用人单位（如国家机关、事业单位和各类企业）的职工，个人不需要单独去办理个人所得税申报和缴纳业务，一般由用人单位进行代扣代缴。

代扣，指用人单位在向职工发放工资时，从其应发工资中直接扣减个人所得税的操作。即职工实际拿到手的工资数额是应发工资减去了个人需缴纳部分的社会保险费、住房公积金和个人所得税后的余额。

代缴，指用人单位在社会保险管理机构、住房公积金管理中心和主管税务机关为职工缴纳的社会保险费、住房公积金以及企业所得税时，一并将代扣的员工个人所得税税款缴纳给主管税务机关。

我们已经知道用人单位为职工个人代扣代缴社会保险费和住房公积金时需要用到"其他应收款"科目，但在为职工个人代扣代缴个人所得税时，财务会计上的处理并非如此，而直接通过"应交税费——应交个人所得税"科目进行核算。

用人单位向职工发放工资并代扣个人所得税时，贷记"应交税费——应交个人所得税"科目；实际向主管税务机关代缴个人所得税税款时，借记"应交税费——应交个人所得税"科目。

第 **8** 章

业务活动中的合理
节税方法与纳税筹划

企业的经营管理并不是一件容易的事情，稍有不慎，就可能面临亏损，严重时还会面临破产。因为企业要有投入才有收入，净收益中的一部分又要作为税款缴存国库，所以为了减轻企业经营负担，企业应及时掌握与实施合理节税的方法以及税收优惠政策等，业务员亦需要一定的了解。

选择合适的纳税人身份可以节约增值税

按照相关税法的规定，符合认定为增值税一般纳税人的企业，通常都要认定为增值税一般纳税人。而一些企业，虽然经营规模没有达到认定为一般纳税人的条件，但其会计核算健全，能够准确核算应交税额，这样的企业也可选择认定为增值税一般纳税人。其他不符合认定为增值税一般纳税人条件的企业，通常认定为小规模纳税人。具体的认定条件在本书第1章的第4节内容中有详细介绍。

这里，我们从理想角度，分析企业选择纳税人身份达到节税目的的情形。

（1）供应商为增值税小规模纳税人且未开具增值税专用发票

如果供应商为增值税小规模纳税人，且向采购方开具的是增值税普通发票，说明此时采购方收到的发票上注明的税率为3%，且该部分税款不能作为采购方的进项税额用于抵扣当期销项税额。此时采购方选择哪一种纳税人身份更节税呢？来看一个案例。

丙公司向某供应商采购一批原材料，不含税价款为8.00万元。该供应商为增值税小规模纳税人，向丙公司开具了增值税普通发票，并注明税率为3%。已知丙公司当月销售业务的收入为40.00万元，假设不考虑当月其他批次的采购活动。

1. 丙公司为增值税小规模纳税人，适用税率3%

由于供应商为增值税小规模纳税人，且开具的是增值税普通发票，则丙公司的财会人员需将发票注明的税额计入采购的原材料成本中，不单独核算增值税。也就是说，丙公司当月销售业务发生的增值税税额就是应缴纳的增值税税款。

计入原材料成本的增值税税额 =8.00×3%=0.24（万元）

当月应交增值税 =40.00×3%=1.20（万元）

2. 丙公司为增值税一般纳税人，适用税率13%

由于丙公司采购时收到的发票为增值税普通发票，因此身为增值税一般纳税人的丙公司依然不能将这部分税额用于抵扣销项税额。

当月应交增值税税额 = 当月增值税销项税额 =40.00×13%=5.20（万元）

由案例可知，当确定供应商为增值税小规模纳税人且其只能开具增值税普通发票时，企业选择认定为小规模纳税人可以少缴增值税税款。因为都是不涉及增值税进项税额的情况，当期应交增值税就是销售业务发生的增值税税额，所以税率越高，缴纳的税款就越多。

（2）供应商为增值税小规模纳税人且可开具增值税专用发票

如果供应商为增值税小规模纳税人，但按照规定向采购方开具增值税专用发票，则此时虽然发票上注明的增值税税率依然为3%，但采购方获取该发票后可将对应的增值税税额作为进项税额抵扣当期的销项税额，但采购方为小规模纳税人的除外。

丙公司向某供应商采购一批原材料，不含税价款为 8.00 万元。该供应商为增值税小规模纳税人，向丙公司开具了增值税专用发票，并注明税率为3%。已知丙公司当月销售业务的收入为 40.00 万元，假设不考虑当月其他批次的采购活动。

1. 丙公司为增值税小规模纳税人，适用税率3%

由于丙公司为小规模纳税人，即使收到供应商开具的增值税专用发票，也不能用于抵扣当期销售业务发生的增值税税额。

当月应交增值税 $=40.00 \times 3\% = 1.20$（万元）

2. 丙公司为增值税一般纳税人，适用税率13%

由于丙公司为一般纳税人，且收到供应商开具的增值税专用发票，因此采购活动发生的增值税需进行单独核算，用于抵扣当期增值税销项税额。

当期增值税进项税额 $=8.00 \times 3\% = 0.24$（万元）

当期增值税销项税额 $=40.00 \times 13\% = 5.20$（万元）

当期应交增值税 $=5.20 - 0.24 = 4.96$（万元）

初步看来，这种情况下，企业依然选择认定为增值税小规模纳税人可少缴税款。但要注意，此时采购方作为一般纳税人时，其当期应缴纳的增值税税额由进项税额和销项税额共同决定。现实中，情况较复杂，不能这么简单地判断采购方选择认定为小规模纳税人就可以节税。下面通过建立未知数方程式来计算临界点。

假设该情况下采购方当期发生采购支出 X 万元，销售收入 Y 万元，则：

采购方选择认定为小规模纳税人时，当期应交增值税税额为 $3\%Y$；而选择认定为一般纳税人时，当期应交增值税税额为（$13\%Y - 3\%X$）。当两者相等时，说明两种纳税人身份中没有使采购方节税的可能；而当 $3\%Y < 13\%Y - 3\%X$ 时，说明采购方认定为小规模纳税人可少缴增值税，达到节税目的，此时只需采购方满足 $X < 3.33Y$，即采购支出少于销售收入的 3.33 倍；相反，当采购支出超过销售收入的3.33倍时，采购方应选择认定为一般纳税人，可少缴增值税，达到节税目的。

同理可知，以相同的方法可计算出采购方作为一般纳税人适用 9%、6% 或 0% 等不同税率时的临界点，以此来作为企业根据销售收入与采购支出比例关系判断是选择认定为小规模纳税人还是一般纳税人的依据。

（3）供应商为增值税一般纳税人且开具增值税专用发票

如果供应商为增值税一般纳税人，则按照税法规定向采购方开具增值税专用发票，注明税率 13%、9%、6% 或 0%。但采购方是否可以将这部分税额用于抵扣当期销售业务发生的增值税，还要看采购方的认定身份，从而找寻节税的办法。

丙公司向某供应商采购一批原材料，不含税价款为 8.00 万元。该供应商为增值税一般纳税人，向丙公司开具了增值税专用发票，并注明税率为 13%。已知丙公司当月销售业务的收入为 40.00 万元，假设不考虑当月其他批次的采购活动。

1. 丙公司为增值税小规模纳税人，适用税率 3%

由于丙公司为小规模纳税人，即使收到供应商开具的增值税专用发票，也不能用于抵扣当期销售业务发生的增值税税额。

当月计入原材料成本的增值税税额 =8.00×13%=1.04（万元）

当月应交增值税税额 =40.00×3%=1.20（万元）

2. 丙公司为增值税一般纳税人，适用税率 13%

由于丙公司为一般纳税人，且收到供应商开具的增值税专用发票，因此采购活动发生的增值税需进行单独核算，用于抵扣当期增值税销项税额。

当期增值税进项税额 =8.00×13%=1.04（万元）

当期增值税销项税额 =40.00×13%=5.20（万元）

当期应交增值税 =5.20−1.04=4.16（万元）

初步看来，这种情况下，企业选择认定为增值税小规模纳税人可少缴税款。但要注意，此时采购方作为一般纳税人时，其当期应缴纳的增值税税额由进项税额和销项税额共同决定。因此，不能这么简单地判断此情况下采购方选择认定为小规模纳税人就可以节税。同样假设采购方当期发生采购支出 X 万元，销售收入 Y 万元，则：

采购方选择认定为小规模纳税人时，当期应交增值税税额为 $3\%Y$；而选择认定为一般纳税人时，当期应交增值税税额为 $13\% \times (Y-X)$。当两者相等时，说明两种纳税人身份中没有使采购方节税的可能；而当 $3\%Y < 13\%(Y-X)$ 时，说明采购方认定为小规模纳税人可少缴增值税，达到节税目的，此时只需采购方满足 $X < 0.77Y$，即采购支出少于销售收入的77%；相反，当采购支出超过销售收入的77%时，采购方应选择认定为一般纳税人，可少缴增值税，达到节税目的。

这就是不同情形下企业选择纳税人身份进行节税的处理思路。但业务员要注意的是，按照我国相关税法的规定，纳税人一经认定为一般纳税人后，就不得再转为小规模纳税人，但国家税务总局另有规定的除外。因此，工作实务中，上述思路并不是都可行的，财会人员还需要结合实际情况进行选择使用。

充分利用业务招待费节税

在本书的第 6 章已经详细介绍了财务上业务招待费的相关处理，相信大家印象最深的就是业务招待费并不是发生多少就能扣除多少。这是税法的相关规定所致，而且实际经营过程中，企业可以合理利用这一税会差异，管理控制企业的业务招待费支出，从而达到税务筹划的目的，节约税款支出。

知识延伸｜何为税会差异

"税"即税法，"会"即会计，顾名思义，税会差异就是税务与会计之间的差异。税会差异可大致分为两类：永久性差异和暂时性差异。差异一经发生就不能再进行转回的，为永久性差异；否则为暂时性差异。

纳税人既要按照会计制度的要求进行会计核算，也要严格按照税法的规定计算纳税，要同时做到这两点，就必须掌握税法与会计的差异，在会计核算的基础上按照税法的规定进行纳税调整。

那么究竟如何利用业务招待费来节税呢？下面通过一个案例来学习。

甲公司为增值税一般纳税人，主营业务是自营加工生产副食品。已知 7 月公司财会人员核算出的营业收入共 100.00 万元，利润总额为 48.00 万元，当月账面上记录的不含税业务招待费有 1.00 万元，适用企业所得税税率为 25%，相关分析如下。

（1）在财务方面，财会人员会根据实际发生的业务招待费 1.00 万元，将其计入管理费用或销售费用等费用支出，核算利润总额。在不考虑税会差异的情形下，财会人员计算得出的应交企业所得税和净利润如下。

应交企业所得税 =48.00×25%=12.00（万元）

净利润 =48.00−12.00=36.00（万元）

（2）但是，实际经营过程中，企业必须考虑税会差异，且按照税法的规定进行纳税调整。由于甲公司当月发生业务招待费 1.00 万元，其 60% 有 0.60 万元；而当月营业收入有 100.00 万元，其 5‰ 有 0.50 万元，即业务招待费发生额的 60% 高于了当月营业收入的 5‰。根据税法规定的业务招待费的扣除标准可知，甲公司当月只能扣除 0.50 万元的业务招待费。然而当月甲公司会计上实际扣除了 1.00 万元的业务招待费，即多扣除了 0.50 万元，需要调增应纳税所得额 0.50 万元。假设不存在其他纳税调整事项。

应纳税所得额 =48.00+0.50=48.50（万元）

应交企业所得税 =48.50×25%=12.13（万元）

净利润 =48.00-12.13=35.87（万元）

业务员在学习这部分知识时需要注意，税会差异只会影响企业的企业所得税计税基数，最终净利润依然用会计核算出的利润总额减去应缴纳的企业所得税税额计算得出。

假设企业当期发生业务招待费 F 元，营业收入 S 元，当 $60\%F \leqslant 5‰S$ 时，企业可按照 $60\%F$ 扣除业务招待费，此时需要 $F \leqslant 0.0083S$；否则要按 $5‰S$ 扣除业务招待费，即实际发生的业务招待费不仅不能据实扣除，甚至不能按照其 60% 扣除。这样，一方面会使企业的应纳税所得额调增，应交企业所得税增加；另一方面利润总额不变，最终就会使企业的净利润减少，对企业来说税负加重，盈利减少。

如果财会人员核算出甲公司当月发生业务招待费 0.80 万元（<0.0083×100.00），而营业收入依旧是 100.00 万元，利润总额为 48.00 万元，只是其他员工工资相对增多了。则此时会计上和税法方面的处理如下。

①会计方面。

应交企业所得税 =48.00×25%=12.00（万元）

净利润 =48.00-12.00=36.00（万元）

②税法方面。

业务招待费的 60% 为 0.48 万元（0.80×60%），而营业收入的 5‰ 为 0.50 万元（100.00×5‰），0.48 < 0.50，所以甲公司可按照 0.48 万元扣除业务招待费。由于会计上财会人员扣除的业务招待费为 0.80 万元，因此按照税法的规定，需要进行纳税调整，调增应纳税所得额 0.32 万元（0.80-0.48）。

应纳税所得额 =48.00+0.32=48.32（万元）

应交企业所得税 =48.32×25%=12.08（万元）

净利润 =48.00-12.08=35.92（万元）

从计算过程来看，在企业当期的业务招待费 $F \leqslant 0.008\ 3S$，以及营业收入和利润总额都不变的大前提下，业务招待费越多，税法规定可以扣除的金额（60%F）就越大，而需要调增的应纳税所得额（F-60%F）就越多，需要缴纳的企业所得税也会相应增加，净利润就会减少。因此，此种情况下业务招待费越少越好。

但是实际经营过程中，其他费用支出都已经确定的情况下，如果业务招待费越少，则企业最终获得的利润总额会增加，相应地，净利润也可能更多。

比如其他费用支出已经确定，甲公司的业务招待费为 0.82 万元，比案例中少了 0.18 万元（1.00-0.82），可简单地理解为会计核算出的利润总额为 48.18 万元（48.00+0.18），按照税法的规定，应纳税所得额需调增 0.33 万元（0.82-0.82×60%），应纳税所得额为 48.51 万元（48.18+0.33），应交企业所得税为 12.13 万元（48.51×25%），最终净利润为 36.05 万元（48.18-12.13），比 35.92 万元多。这样一来，在业务招待费 ≤ 0.0083 营业收入时，并不是业务招待费越少越好，这里业务招待费为 0.82 万元时，虽然应缴纳的企业所得税比业务招待费为 0.80 万元时多 0.05 万元（12.13-12.08），但最终的净利润比业务招待费为 0.80 万元时多 0.13 万元（36.05-35.92）。

因此，企业需要综合考量相关因素，来控制企业的业务招待费支出。当企业的业务招待费按照税法的规定可按实际发生额的 60% 扣除时，如果企业追求少缴企业所得税，则可减少业务招待费的支出，这样调增的应纳税所得额会越少，则最终应纳税所得额就会越少，应缴纳的企业所得税就越少；如果企业追求更高的净利润，则可适当增加业务招待费支出，使利润总额减少，从而使减少的应交企业所得税对净利润的影响大于纳税调增对净利润的影响，最终使净利润升高。但当企业的业务招待费根据税法的规定只能按当期营业收入的 5‰ 扣除时，多出的业务招待费不仅不能税前扣除，会计上还会减少利润总额，最终应缴纳的企业所得税高，同时净利润也低，对企业不利。

可以从广告宣传费入手合理节税

其实，广告宣传费的节税原理和业务招待费相似，依然是利用税会差异。在本书第 6 章也详细介绍过广告宣传费在财务上的处理，接下来直接通过案例分析来学习广告宣传费的节税思路。

乙公司为增值税一般纳税人，主营服装生产销售。7 月发生营业收入共120.00 万元，会计核算出的利润总额为 50.00 万元，账面上记录的不含税广告费和业务宣传费共 18.60 万元，适用企业所得税税率为 25%，暂不考虑其他纳税调整事项，相关分析如下。

1. 在财务方面，财会人员会根据实际发生的业务招待费 18.60 万元，将其计入销售费用中，核算利润总额。在不考虑税会差异的情形下，财会人员计算得出的应交企业所得税和净利润如下。

应交企业所得税 $=50.00 \times 25\%=12.50$（万元）

净利润 $=50.00-12.50=37.50$（万元）

2. 但实际经营过程中，企业必须考虑税会差异，且按照税法的规定进行纳税调整。由于乙公司当月发生广告费和业务宣传费共 18.60 万元，而当月营业收入有 120.00 万元，其 15% 有 18.00 万元，即广告费和业务宣传费的实际发生额高于了当月营业收入的 15%。根据税法规定的广告费和业务宣传费的扣除标准可知，乙公司当月只能扣除 18.00 万元的广告费和业务宣传费。

然而当月乙公司会计上实际扣除了 18.60 万元的广告宣传费，即多扣除了 0.60 万元，需要调增应纳税所得额 0.60 万元。

应纳税所得额 =50.00+0.60=50.60（万元）

应交企业所得税 =50.60×25%=12.65（万元）

净利润 =50.00-12.65=37.35（万元）

在学习本书第 6 章的相关内容后，业务员应该就已经了解了广告宣传费在当期按照税法的规定无法全部扣除时，剩余未扣除的部分还可以结转以后纳税年度扣除。因此，表面上看，广告宣传费好像没有可以用来达到节税目的的方法。但是，如果广告宣传费一味地增多，又会出现什么情况呢？

假设乙公司会计核算出的 7 月广告费和业务宣传费共 19.00 万元，即比原来的 18.60 万元多 0.40 万元，相应地可简单认为当月利润总额减少到 49.60 万元（50.00-0.40）。那么：

应纳税所得额 =49.60+（19.00-18.00）=50.60（万元）

应交企业所得税 =50.60×25%=12.65（万元）

净利润 =49.60-12.65=36.95（万元）

这时，净利润比广告宣传费为 18.60 万元时的 37.35 万元少了 0.40 万元（37.35-36.95）。

由于当期广告费和业务宣传费总和超过营业收入的 15% 时，这两种费用的增减额度在影响利润总额的同时影响纳税调增额，且影响的数额是相同的，因此就出现了上述分析过程中应纳税所得额同为 50.60 万元的情况，从而使应缴纳的企业所得税相同。可即使如此，广告费和业务宣传费的增加势必会减少利润总额，从而就会减少当期净利润。因此，企业也不能因为广告宣传费能够在几个纳税年度内据实扣除而盲目地扩大其支出。

再换个角度，如果乙公司 7 月账面上记录的不含税广告费和业务宣传费共 17.60 万元，比案例中的 18.60 万元少了 1.00 万元。营业收入依然是 120.00 万元，则可简单理解为公司当月的利润总额多了 1.00 万元，即为 51.00 万元。同样不考虑其他纳税调整事项，此时的分析如下。

①在财务方面，财会人员根据实际发生的广告费和业务宣传费，将其计入销售费用，核算利润总额。在不考虑税会差异的情形下，财会人员计算得出的应交企业所得税和净利润如下。

应交企业所得税 =51.00×25%=12.75（万元）

净利润 =51.00−12.75=38.25（万元）

②实际经营过程中，在考虑税会差异的情形下，由于乙公司的广告费和业务宣传费实际发生额为 17.60 万元，未超过营业收入的 15%（即 18.00 万元），因此可以在当期据实扣除。此时广告费和业务宣传费在会计和税法上的处理没有差异。上述计算得出的应交企业所得税和净利润不需要调整。

同理，如果广告费和业务宣传费为 17.00 万元，则利润总额多了 1.60 万元，即为 51.60 万元，应交企业所得税为 12.90 万元（51.60×25%），净利润为 38.7 万元（51.60−12.90）。应缴纳的企业所得税增多，但净利润也在增多。假设在广告费和业务宣传费≤营业收入的 15% 时，广告费和业务宣传费合计为 M 万元，与案例中的 18.60 相比，利润总额变为"50.00+（18.60−M）"，不考虑其他因素，应交企业所得税为"[50.00+（18.60−M）]×25%"，净利润为"50.00+（18.60−M）−[50.00+（18.60−M）]×25%"，简化这些等式可知，M 越小，利润总额越大，应交企业所得税越多，但净利也越高。

所以，当公司当期的广告费和业务宣传费≤营业收入的 15% 时，如果追求少缴企业所得税，则可适当增加这两种费用的支出；如果追求较高净利润，则需要减少这两种费用的支出。

综上，如果企业想要从广告宣传费入手达到节税目的，可适当地增加广告费和业务宣传费的支出，这样可以尽可能多地用这两种费用冲减企业的收入，使得应纳税所得额尽可能地减少，从而减少企业所得税的缴纳。但如果综合考量企业的发展需求，企业还是要适当控制者两种费用的支出，能减少的就减少，这样可提高企业的净利润，为企业日后的发展壮大积蓄力量。

减少合同签订手续达到节税目的

可能很多人不理解，为什么减少合同签订手续就能达到节税目的？这要从签订合同需缴纳印花税说起。

在本书第 3 章的相关章节我们已经介绍了签订合同缴纳印花税的知识点，也了解了印花税的征税范围和不同税目对应的税率。那么，如何理解减少合同签订手续达到节税目的呢？来看具体的案例分析吧。

A 公司为一家建筑公司，主营业务是承建工程。7 月时与 B 公司签订了一份建设工程合同，合同注明总包金额为 6 200.00 万元。施工期间，A 建筑公司将总包金额中的 2 000.00 万元安装工程分包给了 C 建筑公司，双方签订了分包合同。已知建筑安装工程承包合同适用的印花税税率为 0.3‰，则 A、B、C 公司分别应缴纳多少印花税，3 家公司总共缴纳的印花税是多少？

由于签订的双方都需要根据自己持有的那份合同缴纳相应的印花税，因此，当 A 公司与 B 公司签订建设工程总包合同以及与 C 公司签订安装工程分包合同时，均需要缴纳印花税。

A 应缴纳印花税 =6 200.00×0.3‰ +2 000.00×0.3‰ =2.46（万元）

B 应缴纳印花税 =6 200.00×0.3‰ =1.86（万元）

C 应缴纳印花税 =2 000.00×0.3‰ =0.60（万元）

3 家公司共需缴纳印花税 =2.46+1.86+0.60=4.92（万元）

如果该案例中的 B 公司事先分别与 A 公司签订 4 200.00 万元（6 200.00-2 000.00）的建设工程合同，与 C 公司签订 2 000.00 万元的安装工程承包合同，则纳税情况就会明显不同。

A 应缴纳印花税 =4 200.00×0.3‰ =1.26（万元）

B 应缴纳印花税 =42 000.00×0.3‰ +2 000.00×0.3‰ =1.86（万元）

C 应缴纳印花税 =2 000.00×0.3‰ =0.60（万元）

与前一种情况相比，A 公司可少缴纳印花税 1.20 万元（2.46-1.26），B 公司和 C 公司应缴纳的印花税税额都不变，但最终 3 家公司合计应缴纳的印花税税额就会少 1.20 万元。

前一种情况是，A 公司与 B 公司签订建设工程合同后，又与 C 公司另外签订安装工程承包合同，对 A 公司来说经历了两份合同的签订流程；而后一种情况是，B 公司同时与 A 公司和 C 公司签订建设工程合同和安装工程承包合同，对 B 公司来说虽然涉及两份合同，但可同时进行，手续更简单。所以，减少不必要的签订合同的手续，可有效减少印花税的缴纳。

从不同的经营业务角度进行增值税纳税筹划

对企业的业务员来说，除了可以了解本章前面提及的一些简单的节税方法外，还可了解企业从税收优惠的角度进行纳税筹划，减轻税负的操作。

比如增值税，企业可以根据不同的征税范围对应不同的增值税税率，来选择自身企业的主营业务，从而减少增值税的税负。表8-1所示是不同征税范围的增值税税率情况。

表8-1 不同征税范围对应的增值税税率

主营业务	征税范围	税　　率
销售货物	主要指有偿销售有形动产，其包括电力、热力和气体等	13%
销售劳务	主要指有偿提供加工、修理修配劳务，具体有受托加工货物、受托对损伤和丧失功能的货物进行修复并使其恢复原状和功能的业务。但单位或个体工商户聘用的员工为本单位或雇主提供加工、修理修配劳务的除外	13%
销售服务	提供交通运输服务，包括陆路运输服务、水路运输服务、航空运输服务和管道运输服务	9%
	提供邮政服务，包括邮政普通服务、邮政特殊服务和其他邮政服务	9%
	提供电信服务，包括基础电信服务（9%）和增值电信服务（6%）	9%或6%
	提供建筑服务，包括新建、改建各种建筑物、构筑物的工程服务，各种设备的安装服务，对建筑物、构筑物进行修补、加固、养护和改善的修缮服务，对建筑物、构筑物进行装饰装修的装饰服务，以及钻井、平整土地、园林绿化、疏浚和建筑物平移等其他建筑服务	9%
	提供金融服务，包括贷款服务、直接收费金融服务、保险服务和金融商品转让服务	6%
	提供现代服务，主要指围绕制造业、文化产业、现代物流产业等提供技术性、知识性服务的业务活动，包括研发和技术服务、信息技术服务、文化创意服务、物流辅助服务、鉴证咨询服务、广播影视服务、商务辅助服务、租赁服务和其他现代服务。其中租赁服务如果是有形动产租赁，则税率为13%；如果是不动产租赁，则税率为9%；只有类似于车辆停放服务、道路通行服务等按照不动产经营租赁服务缴纳增值税时，税率才是6%	6%

续表

主营业务	征税范围	税　率
销售服务	提供生活服务，指一些为了满足城乡居民日常生活需求提供的各类服务活动，包括文化体育服务、教育医疗服务、旅游娱乐服务、餐饮住宿服务、居民日常服务和其他生活服务。其中居民日常服务具体指家政、婚庆、养老、殡葬、美容美发、桑拿、足疗和摄影扩印等服务	6%
销售无形资产	指转让无形资产所有权或使用权的业务活动，无形资产包括技术、商标权、著作权、土地使用权和其他权益性无形资产。其中土地使用权的转让适用税率为9%	6%
销售不动产	指销售住宅、商业营业用房和办公楼等不动产	9%

注意，企业如果想利用主营业务来减轻增值税税负，则必须在成立企业并确定经营范围前进行筹划。一旦企业经营范围确定，则其适用的增值税税率也就确定了，不能再利用更改经营范围的方法减少增值税的应纳数额，因为经营范围一经确定，就不能随意修改。

同理，企业在确定主营业务时，还可通过选择一些免税项目或减税项目达到节约增值税的目的，但这也只适用于成立前确定经营范围，在经营过程中一般不适用。

利用加计扣除的规定进行企业所得税筹划

在企业所得税的税收优惠政策中有这样一项规定：

企业发生的研究开发费用，未形成无形资产而计入当期损益的，在按照规定据实扣除的基础上，按照研究开发费用的 50% 加计扣除；形成无形资产

的，按照无形资产入账成本的 150% 摊销。如果企业发生的研究开发费用在
2018 年 1 月 1 日—2020 年 12 月 31 日期间内，则再按照实际发生额的 75%
在税前加计扣除；形成无形资产的，在上述期间内按照无形资产入账成本的
175% 在税前摊销。

也就是说，如果企业想要利用企业所得税的税收优惠政策减轻企业所得
税纳税负担，就可以组织安排企业内部人员研究和开发新产品或新服务。发
生的研究开发费用就可用来冲减企业的经营收入，从而减少应纳税所得额，
相应地减少企业所得税的应纳税额。

比如某公司 7 月实际发生研究开发费用 80.00 万元，且时间处于 2018 年
1 月 1 日—2020 年 12 月 31 日期间，还未形成无形资产，则财会人员可在税
前扣除 140.00 万元（80.00+80.00×75%）的研究开发费用。

如果当月形成了无形资产，则无形资产按照入账成本的 175% 进行摊销，
即按照 140.00 万元（80.00×175%）进行无形资产摊销，确定累计摊销。

但业务员要注意，并不是所有企业都适用该项加计扣除规定，如下所示
的这些行业的企业不能使用研究开发费用的加计扣除优惠政策。

- ◆ 烟草制造业。
- ◆ 住宿和餐饮业。
- ◆ 批发和零售业。
- ◆ 房地产业。
- ◆ 租赁和商务服务业。
- ◆ 娱乐业。
- ◆ 财政部和国家税务总局规定的其他行业。

利用固定资产加速折旧的规定进行企业所得税筹划

税法规定，企业的固定资产由于技术进步等原因，确实需要加速折旧的，可缩短折旧年限或采取加速折旧的方法进行折旧。这样一来，固定资产需要折旧的金额可提前确定，使得企业前期的应纳税所得额减少，从而减少应缴纳的企业所得税税额，达到纳税筹划目的。

但并不是所有固定资产都可无限制地缩短折旧年限或无理由地采取加速折旧方法。企业采取缩短折旧年限的方法来筹划企业所得税的，最低折旧年限不得低于税法规定折旧年限的 60%；而可以缩短折旧年限或采取加速折旧方法的固定资产只有如下两种类型。

◆ 由于技术进步，产品更新换代较快的固定资产。

◆ 常年处于强震动、高腐蚀状态的固定资产。

表 8-2 所示是税法规定的一些固定资产的折旧年限。

表 8-2　税法规定的固定资产折旧年限

固定资产类别	折旧年限
房屋、建筑物	20 年
飞机、火车、轮船、机器、机械和其他生产设备	10 年
飞机、火车和轮船以外的其他运输工具	4 年

为什么说固定资产的折旧可以影响企业的应纳税所得额呢？因为固定资产的折旧额通过"累计折旧"科目核算，而财会人员在核算时，会根据固定

资产的使用部门不同，将折旧额计入对应的费用中。比如生产车间的固定资产折旧额计入制造费用，财务部门和其他行政管理部门的固定资产折旧额计入管理费用，销售部门的固定资产折旧额计入销售费用。而制造费用、管理费用和销售费用等属于影响企业当期损益的成本、费用，因此就会影响企业的应纳税所得额，从而影响企业应缴纳的企业所得税税额。

固定资产的加速折旧和缩短折旧年限的操作，会使企业的固定资产需要折旧的金额全部提前确认，从而增加企业使用固定资产的前期折旧费用，相应地增加前期的制造费用、管理费用和销售费用数额，减少应纳税所得额，使得应缴纳的企业所得税减少，为企业减轻企业所得税税负。

读 者 意 见 反 馈 表

亲爱的读者：

感谢您对中国铁道出版社有限公司的支持，您的建议是我们不断改进工作的信息来源，您的需求是我们不断开拓创新的基础。为了更好地服务读者，出版更多的精品图书，希望您能在百忙之中抽出时间填写这份意见反馈表发给我们。随书纸制表格请在填好后剪下寄到：北京市西城区右安门西街8号中国铁道出版社有限公司大众出版中心 王佩 收（邮编：100054）。或者采用传真（010-63549458）方式发送。此外，读者也可以直接通过电子邮件把意见反馈给我们，E-mail地址是：1958793918@qq.com。我们将选出意见中肯的热心读者，赠送本社的其他图书作为奖励。同时，我们将充分考虑您的意见和建议，并尽可能地给您满意的答复。谢谢！

- -

所购书名：_____

个人资料：

姓名：_____ 性别：_____ 年龄：_____ 文化程度：_____

职业：_____ 电话：_____ E-mail：_____

通信地址：_____ 邮编：_____

- -

您是如何得知本书的：

□书店宣传 □网络宣传 □展会促销 □出版社图书目录 □老师指定 □杂志、报纸等的介绍 □别人推荐
□其他（请指明）_____

您从何处得到本书的：

□书店 □邮购 □商场、超市等卖场 □图书销售的网站 □培训学校 □其他

影响您购买本书的因素（可多选）：

□内容实用 □价格合理 □装帧设计精美 □带多媒体教学光盘 □优惠促销 □书评广告 □出版社知名度
□作者名气 □工作、生活和学习的需要 □其他

您对本书封面设计的满意程度：

□很满意 □比较满意 □一般 □不满意 □改进建议

您对本书的总体满意程度：

从文字的角度 □很满意 □比较满意 □一般 □不满意
从技术的角度 □很满意 □比较满意 □一般 □不满意

您希望书中图的比例是多少：

□少量的图片辅以大量的文字 □图文比例相当 □大量的图片辅以少量的文字

您希望本书的定价是多少：

本书最令您满意的是：

1.

2.

您在使用本书时遇到哪些困难：

1.

2.

您希望本书在哪些方面进行改进：

1.

2.

您需要购买哪些方面的图书？对我社现有图书有什么好的建议？

您更喜欢阅读哪些类型和层次的书籍（可多选）？

□入门类 □精通类 □综合类 □问答类 □图解类 □查询手册类

您在学习计算机的过程中有什么困难？

您的其他要求：